33 VRAIES

FURGER Philippe
GERVAIS Michel
LeBlanc François

ANNANE Djillali
BOUALI Redouane
BURRI Haran
COUILLARD Philippe
DELAGE Robert
DURAND Pierre Jacob
FERLAND-CARON Geneviève
FUMEAUX Thierry
GAGNON Pierre
GAIST Valérie
HUMAIR Luc
JEANNERET Roland
JELDRES Claudio
JOLIDON René-Marc
LABONTÉ Édith
LALIVE Jean-Emmanuel
LAMONTAGNE René
LAURENT Pierre
MARENCO Patrice
MORRISSETTE Yvon
PALMIER Bruno
ROBERT Claude-François
SCHWAB Marcos
TREMBLAY René Michel

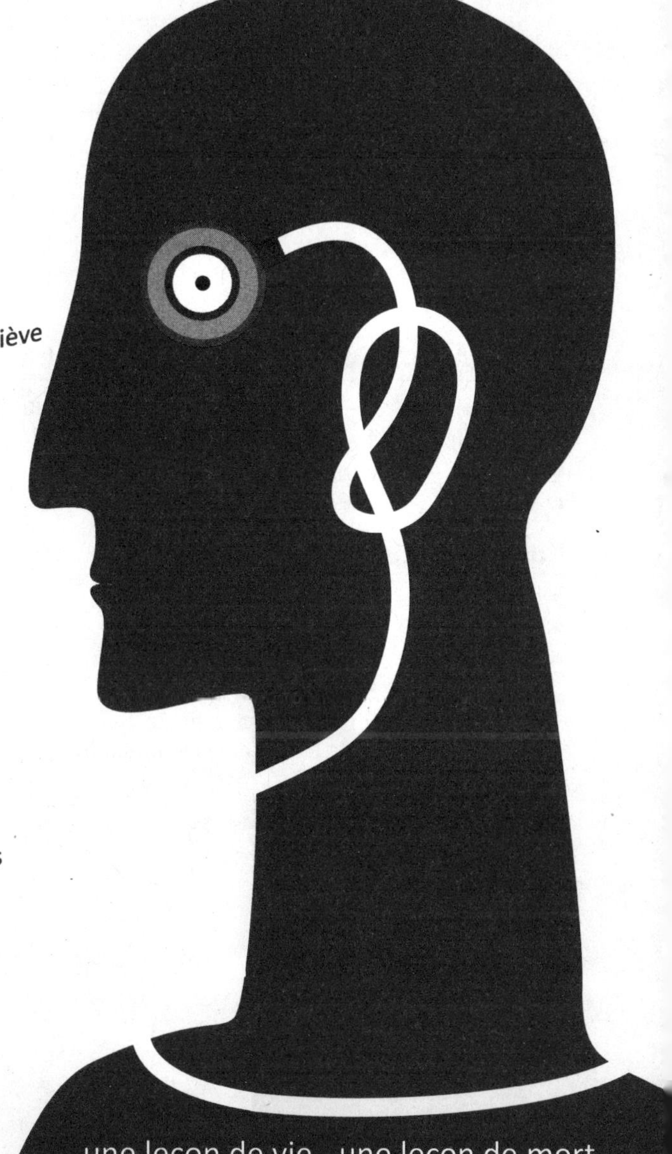

une leçon de vie - une leçon de mort

D&F Éditions

Distribution SOMABEC Diffuseur & Distributeur, Québec

- Téléphone 1 - 800 - 361 - 8118 (sans frais)
- Télécopieur 1 - 450 - 774 - 3017
- Courriel ventes@somabec.com
- WEB www.somabec.com

Éditeur: Éditions D&F, Québec

- Courriel info@investimed.ch
- WEB www.investimed.ch
- Couverture Klaudia Gaugier (klaudia@artehora.pl);
  SVP contact en anglais.
  En collaboration avec:
  Alain Borel (alain@borel.me) et Philippe Furger

ISBN 978-3-905699-25-8

Imprimé au Canada

Équipe des 33 Histoires vraies

FURGER Philippe
GERVAIS Michel
LeBlanc François

et:

ANNANE Djillali
BOUALI Redouane
BURRI Haran
COUILLARD Philippe
DELAGE Robert
DURAND Pierre Jacob
FERLAND-CARON Geneviève
FUMEAUX Thierry
GAGNON Pierre
GAIST Valérie
HUMAIR Luc
JEANNERET Roland
JELDRES Claudio
JOLIDON René-Marc
LABONTÉ Édith
LALIVE Jean-Emmanuel
LAMONTAGNE René
LAURENT Pierre
MARENCO Patrice
MORRISSETTE Yvon
PALMIER Bruno
ROBERT Claude-François
SCHWAB Marcos
TREMBLAY René Michel

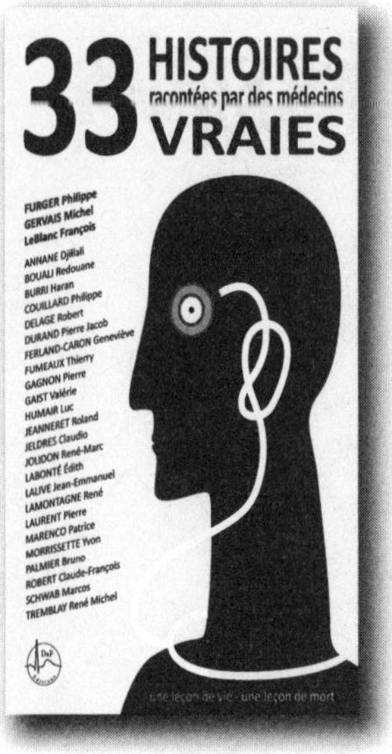

Éditeur & Fondateurs du concept

FURGER Philippe, MD, CME

- Spécialiste en médecine interne
- Professeur invité, Université Laval, Québec/CANADA
- Chargé de cours, Université Berne/SUISSE
- Continuous medical educator, Harvard, Boston/É.U.

GERVAIS Michel, PhD

- Théologien, philosophe
- Président de l'Association québécoise d'établissements et de services sociaux
- Ex-Recteur de l'Université Laval (1987-1997), Québec/CANADA
- Ex-Directeur général de l'Institut universitaire en santé mentale de Québec et du Centre de recherche de l'Institut

LeBlanc François, MD, Prof

- Médecin intensiviste et interniste, Centre hospitalier universitaire de Québec, Hôpital Enfant-Jésus, Québec/CANADA
- Professeur agrégé au département de médecine de l'Université Laval, Québec
- Directeur du programme de résidence en soins intensifs de l'Université Laval de 2005 à 2013

Auteurs

ANNANE Djillali, MD, Prof

- Professeur des Universités, faculté de médecine Paris, Ile de France, chef de service
- Service de réanimation, Hôpital Raymond Poincaré (AP-HP), Garches/FRANCE

BOUALI Redouane, MD, Prof

- Professeur agrégé au dpt. de Médecine et Soins Critiques, Université d'Ottawa, CANADA. Chef de la région du LHIN du Champlain des soins intensifs.
- Officier scientifique de l'Institut Canadien de la sécurité des Soins aux patients (ICSP)

BURRI Haran, MD, PD

- Spécialiste en cardiologie
- Médecin adjoint agrégé en électrophysiologie, HUG Genève/SUISSE

COUILLARD Philippe, MD, F.R.C.S.(C)

- Neurochirurgien
- Ministre de la Santé et des Services Sociaux du Québec (2003-2008)/ CANADA
- Consultant

DELAGE Robert, MD, Prof, MSc, FRCP

- Spécialiste en hématologie
- Chef, Centre Universitaire d'Hématologie et d'Oncologie de Québec
- Centre hospitalier universitaire de Québec, Hôpital Enfant-Jésus
- Professeur agrégé, département de Médecine, Université Laval, Québec/CANADA

DURAND Pierre Jacob, MD, Prof, MSc, FRCPC, CSPQ, FCMFC

- Professeur titulaire au dpt. de médecine sociale et préventive de la faculté de médecine de l'Université Laval.
- Directeur scientifique du centre d'excellence sur le vieillissement de Québec. Hôpital du Saint Sacrement, Centre hospitalier universitaire de Québec/CANADA

FERLAND-CARON Geneviève, MD

- Résidente en chirurgie plastique et reconstructrice, CHUM, Montréal

FUMEAUX Thierry, MD, Prof titulaire

- FMH en médecine interne et médecine intensive
- Médecin Chef de Service de Médecine/Soins Intensifs, GHOL - Hôpital de Nyon/SUISSE

GAGNON Pierre
- Auteur, musicien, Québec/CANADA
- Fondateur du groupe Slick and the Outlags

GAIST Valérie, MD
- Spécialiste en médecine interne, Djerba/TUNISIE

HUMAIR Luc, MD, Prof
- Spécialiste en médecine interne et néphrologie
- Ancien médecin chef, Hôpital La Chaux-de-Fonds/SUISSE

JEANNERET Roland, MD
- Spécialiste en médecine générale, Vaumarcus/SUISSE

JELDRES Claudio, MD, M.Sc., FRCPC
- Résident urologie, Université de Montréal/CANADA
- Urologue, Fellow Uro-oncologie, Virginia Mason Medical Center, Seattle/É.U.

JOLIDON René-Marc, MD
- Spécialiste en médecine interne et maladies infectieuses, Yverdon/SUISSE

LAURENT Pierre, MD, PhD
- Spécialiste en cardiologie, Toulon/FRANCE

LABONTÉ Édith, MD, FRCPC, DFAPA
- Professeur agrégé, département de psychiatrie
- Centre hospitalier universitaire de Québec, Hôpital Enfant-Jésus/ CANADA

LALIVE Jean-Emmanuel, MD
- Spécialiste en urologie
- Médecin-chef du service d'urologie HNE, Neuchâtel/SUISSE

LAMONTAGNE René, Prof, FCMF(C)
- Médecin de famille
- Professeur titulaire retraité Université Laval, Québec/CANADA
- Ex vice-doyen exécutif Faculté de médecine

MARENCO Patrice, MD, MSc
- Médecin praticien FMH, Carouge/SUISSE

MORRISSETTE Yvon, MD, F.R.C.P.
- Diplomé de l'American Board, Chicago 1969
- Otorhinolaryngologiste et Chirurgie Cervico-Faciale
- Chef de service Hôpital St-François d'Assise, Québec/CANADA
- Professeur de Clinique Université Laval, Québec/CANADA

PALMIER Bruno, MD, Prof

- Professeur, département d'anesthésie réanimation HIA Sainte Anne, Toulon/FRANCE

SCHWAB Marcos, MD, MA

- Spécialiste en médecine interne et bioéthique
- Médecin chef, Service de Médecine Interne et Soins Intensifs, Hôpital de Nyon/SUISSE

ROBERT Claude-François, MD, MPH

- Médecin cantonal, État de Neuchâtel/SUISSE
- FMH en Santé publique
- Chargé d'enseignement, Université de Genève/SUISSE

TREMBLAY René Michel, MD, FRCP

- Gastro-entérologue
- Professeur de clinique, Université Laval, Québec/CANADA
- Centre Hospitalier Universitaire de Québec (CHU), Hôpital du Saint-Sacrement, Québec/CANADA

Équipe d'analyse - Aspect psychologique

LABONTÉ Édith, MD, FRCPC, DFAPA

- Professeur agrégé, département de psychiatrie
- Centre hospitalier universitaire de Québec, Hôpital Enfant-Jésus, Québec/CANADA

SAINDON Jacinthe, MD, FRCPC

- Chargée d'enseignement, département de psychiatrie
- Centre hospitalier universitaire de Québec, Hôpital Enfant-Jésus, Québec/CANADA

Révision/Relecture

BOURQUIN Josette, Neuchâtel/SUISSE
DROUIN Martine, Québec/CANADA
DROUIN Sophie, Vaumarcus/SUISSE
FURGER Carmen et Giorgio, Schaffhouse/SUISSE
GERVAIS Michel, Québec/CANADA

Nous tenons particulièrement à remercier nos amis médecins qui nous ont aidés à la réalisation de ce livre:
Dre **CORNELLA Fedra**/SUISSE
Dre **O'CONNOR Kim**/QUÉBEC
Dr **LEUBA Pierre-Alain**/SUISSE

Préambule

Aux sources du projet

Le livre que vous tenez entre vos mains est constitué de l'assemblage de 33, en fait, de 34 histoires vraies, toutes écrites par des médecins, sauf une. Ces histoires se sont passées sur tous les continents, mais principalement en Europe et en Amérique du Nord. Elles traduisent des expériences variées telles que les ont vécues et ressenties des médecins réels, en chair et en os, avec leurs émotions allant de la tristesse à la joie en passant par la compassion, l'angoisse, la peur, le sentiment d'impuissance, les remises en question ou le désir de vaincre. Ce sont des histoires riches sur le plan humain et nous espérons qu'elles vous rejoindront, cher lecteur.

Pour peu qu'il ait exercé sa profession pendant quelques années, tout médecin a connu des expériences qui l'ont marqué, parfois profondément. Ces situations imprévisibles et plus ou moins dramatiques remontent spontanément à la surface de sa mémoire lorsqu'il fait retour sur sa pratique. Sans doute est-ce parce que ces cas l'ont poussé à ses limites sur le plan de ses compétences professionnelles, mais peut-être surtout sur celui de ses émotions.

Mais les médecins ne racontent habituellement pas ces histoires, si extraordinaires soient-elles. Au fait, ils sont peu enclins à se raconter, tout simplement. La discrétion fait partie des exigences de leur profession et ils développent une sorte de culture du secret. De surcroît, ils sont habiles à dissimuler leurs émotions et à ne rien laisser paraître de leurs inquiétudes et de leurs angoisses, la relation de confiance avec leurs patients leur paraissant exiger ce tribut.

Le commun des mortels, pour qui la médecine n'est guère qu'arcanes et mystère, se doute pourtant bien de quelque chose. Il soupçonne que derrière les masques de ces hommes et de ces femmes de science et de ces artistes, se cachent des êtres humains sensibles qui doivent bien, eux aussi, éprouver parfois de vives émotions et qui auraient sans doute beaucoup de choses à raconter sur ce qu'ils ont vécu dans cette arène où ils participent quotidiennement au combat que se livrent la vie et la mort. Ils se demandent ce qui peut bien se passer dans la tête et le cœur de ces magiciens qui les observent, les écoutent, les tâtent, les auscultent, les soumettent à des examens sophistiqués, puis leur administre des traitements et des médicaments qui les guérissent ou les soulagent.

Il y en a d'autres qui ont des motifs tout particuliers de s'intéresser aux modes de fonctionnement des médecins. Ce sont ceux et celles qui se préparent à l'exercice de la médecine et qui savent que leur future profession exigera d'eux bien plus que les connaissances livresques, la science des algorithmes, l'habileté à interpréter des résultats d'examens, mais qu'elle puisera parfois dans leurs ultimes ressources et exigera d'eux qu'ils aillent aux limites de leurs possibilités intellectuelles et émotives. Cela, ils le voient chez les maîtres qu'ils admirent et ils souhaiteraient bien leur entendre raconter leurs expériences les plus extraordinaires afin d'en tirer quelque leçon utile.

Le livre projeté veut faire se rencontrer trois intérêts: celui des médecins à qui cela fera peut-être du bien et pour qui ce pourrait être une catharsis salutaire de raconter ces cas difficiles qu'ils ont vécus, souvent dans la solitude et le silence; l'intérêt d'un large public curieux d'en savoir plus sur ces êtres qu'ils estiment et qu'ils admirent, mais dont ils ignorent à quoi ils carburent et ce qui les fait vibrer; et finalement les étudiants et les étudiantes en médecine assoiffés d'en savoir plus sur leur futur métier et sur les modes de fonctionnement réels du bon médecin.

Le lecteur entendra donc les récits touchants et parfois drôles de médecins d'origines et de spécialités diverses. Mais il verra aussi défiler devant lui des patients attachants, «Ma Rolande», les petites Manon et Fatimata, Aristóbulo Fernandez Delon Hepburn, Mémé, Mademoiselle Lucie, le vieil homme au perroquet, le pauvre Larry, la jeune femme stoïque et plusieurs autres personnages décrits avec affection par nos auteurs.

Naissance du projet

L'idée du livre a germé dans la tête du Dr François LeBlanc, interniste et intensiviste au Centre hospitalier universitaire de Québec, Hôpital Enfant-Jésus, Québec, professeur de clinique à la Faculté de médecine de l'Université Laval (Québec). Il l'a partagée avec son ami, le Dr Philippe Furger (Suisse), interniste, professeur invité de l'Université Laval (Québec), auteur international de nombreux ouvrages sur le diagnostic et le traitement en médecine générale et en médecine d'urgence.

Emballé par le projet, ils ont tous les deux discuté avec leur ami commun, le Dr Marcel Gilbert, cardiologue spécialisé en rythmologie à l'Institut de cardiologie et de pneumologie de Québec, ex-directeur du département d'électrophysiologie de Duke University et professeur de clinique à l'Université Laval, qui a accueilli le projet avec enthousiasme.

Pour l'aider dans la réalisation du projet, le Dr Furger a sollicité son ami, Michel Gervais, philosophe et théologien, ex-Recteur de l'Université Laval et ex-Directeur général de l'Institut universitaire en santé mentale de Québec et du Centre de recherche de l'Institut, qui a accepté de bonne grâce de s'associer à ce projet aussi utile qu'original.

Durant les années de préparation de ce projet, Michel Gervais a fait preuve d'une disponibilité et d'une compétence hors normes. Ses idées innovatrices ont permis d'améliorer la valeur scientifique et humaine de cet ouvrage.

Vœux et remerciements

Nous espérons que le lecteur éprouvera autant de joie à lire ces histoires que les auteurs ont mis de cœur et de soin à les rédiger et que nous avons eu du plaisir à les rassembler.

Il convient justement de remercier ces auteurs dont la plupart, on le sait, sont débordés de travail et qui ont peu de temps libre pour se livrer au genre d'exercice que nous leur avons demandé et qu'ils ont généreusement réalisé.

Il sied aussi de remercier tous ceux et celles qui ont contribué à ce livre: les membres du comité de lecture qui ont eu à sélectionner les manuscrits; l'équipe des psychiatres, Dres Édith Labonté et Jacinthe Saindon et, enfin, mesdames Sophie et Martine Drouin et Josette Bourquin pour leur minutieux travail de relecture finale des textes.

Enfin, nous remercions Pierre Gagnon, auteur et musicien québécois, qui nous a offert notre 34e histoire, la sienne, celle d'un patient. Il nous a semblé que son texte émouvant constituait un heureux complément aux 33 histoires de nos docteurs.

BONNE LECTURE!

Michel GERVAIS   Philippe FURGER

AUTEURS & HISTOIRES

SUJETS & HISTOIRES

La mort – angoisse de la mort

Sentiment d'insuffisance ou impuissance

Prendre une décision – Incertitude – Doute

Gestion des émotions, des sentiments

Sentiment de culpabilité – Échec

Gestion du stress

Communication (patient, famille, collègues)

Sentiment d'injustice

Mécanismes de défense

Ma Rolande

Yvon MORRISSETTE

J'étais en pratique générale dans le nord-ouest de l'Ontario. Un jour, je reçois une lettre de La Confédération, compagnie d'assurance-maladie. La compagnie se plaignait du fait que je voyais trop souvent Madame Rolande…

Voici la lettre que je leur ai adressée:

«A qui de droit,

En réponse à votre lettre du …, je vous informe que «ma Rolande» est une vieille fille d'une ville du Québec, mariée par correspondance avec un ouvrier des mines d'Elliot Lake, jeune et vigoureux. Dès son arrivée ici avec sa petite valise, il s'est empressé de la «driller»** matin et soir et plusieurs fois la fin de semaine, de sorte qu'elle s'est retrouvée enceinte jusqu'aux oreilles très rapidement. Depuis une semaine, elle présente des vomissements coercitifs qui m'ont contraint à l'hospitaliser pour lui administrer des solutés intraveineux. Elle est actuellement stable, couchée dans un lit à l'hôpital et elle lit un petit livre intitulé «Elle et toi, jeune homme».

Je prévois que de la rendre à terme ne sera pas un cadeau. Si vous voulez m'aider à prendre soin de «ma Rolande», je vais en être très heureux.

Veuillez agréer l'expression de mes sentiments les meilleurs.

Dr Y.M.»

Je n'ai plus jamais reçu de lettre de La Confédération, compagnie d'assurance-maladie…

** «Driller» (de l'anglais *to drill*): Anglicisme québécois signifiant «percer un trou» avec un outil conçu à cette fin. Terme d'usage fréquent en contexte minier, mais plus rarement employé en gynécologie…

Analyse de l'histoire

Confrontation entre les intérêts médicaux du patient, incluant l'empathie et la reconnaissance d'un besoin de répit, et les intérêts d'un tiers payeur pour les soins.

Crudités urologiques - I

Jean-Emmanuel LALIVE

Je n'ai pas choisi mon métier d'urologue: c'était probablement écrit! Je m'explique: à 14 ans, plongé pour 1 an dans un internat anglais, je participe à mon 1er cours d'allemand et à ma 1ère dictée. Il s'agit de traduire un texte d'une langue qui m'est difficile (l'allemand) à une langue qui m'est encore inconnue (l'anglais). Le professeur me souhaite apparemment la bienvenue dans la classe et débute la dictée en ayant la bonté de dire le titre en anglais «**A peaceful morning**» avant de poursuivre en allemand. Très rapidement, il s'arrête juste derrière mon dos, esquisse un soupçon de sourire, prend ma feuille et va recopier au tableau noir le titre de ma dictée à la satisfaction de mes nouveaux camarades «**A piss full morning**».

Les retrouvailles

Un quinquagénaire, quelque peu attardé, garçon de ferme dans l'exploitation familiale, devait bénéficier d'une lourde intervention de la vessie. Afin que lui et sa famille en comprennent mieux les conséquences futures, je l'ai mis en contact avec un octogénaire distingué qui s'était spontanément proposé pour partager son vécu et son quotidien après avoir lui-même bénéficié de cette intervention. Les numéros de téléphone donnés de part et d'autre, le patient plus âgé a proposé de se rendre à la ferme du futur opéré. A son arrivée, en examinant les lieux et certains objets, quelle ne fut pas sa surprise de découvrir qu'il se trouvait chez des cambrioleurs récidivistes de sa maison de vacances!

Le garde-chasse

Lors d'une consultation, un patient m'annonce: «Monsieur le Docteur, le prochain patient en salle d'attente est l'ancien garde-chasse. Un jour, il s'est pointé inopinément à la maison alors que mon fusil était encore tout chaud avec les cartouches dans le buffet de la cuisine. Il a heureusement préféré boire un verre plutôt que de vraiment fouiller».

Le patient suivant:

> «Monsieur le Docteur, c'est rigolo, mais le patient précédent était un fieffé braconnier. Une fois, je lui ai rendu une visite surprise et j'ai vite constaté son embarras. Il s'est empressé de m'offrir à boire pour écourter la fouille. J'ai accepté et j'espère qu'il a compris la leçon ... ».

La vasectomie

La vasectomie est une brève intervention qui consiste à interrompre définitivement l'arrivée des spermatozoïdes dans la prostate comme moyen de contraception. Certains hommes peuvent être amenés à changer de lit par la suite et à vouloir à nouveau fonder une famille. Ils doivent alors bénéficier d'une intervention de quelques heures, délicate, minutieuse, si possible à l'aide d'un microscope et qui consiste à «ressouder» les 2 canaux préalablement sectionnés. C'est précisément au cours de cette intervention qu'entre dans la salle du bloc opératoire, Olivier, un chirurgien-chef de chirurgie viscérale, avec une discrétion typique et très relative.

D'une voix tonitruante, il m'interpelle pour connaître le type d'intervention qui nécessitait un tel appareillage tout en se penchant au-dessus de mon épaule. Je l'informe, ce qui provoque alors un gros éclat de rire bien épais, destiné à la cantonade:

> «Encore un de ces couillons qui ne sait pas ce qu'il veut!»

Et moi de répondre:

> «Olivier, le patient ne dort pas, il n'a qu'une anesthésie du bas du corps. Voudrais-tu regarder l'intervention grâce à l'optique d'en face?».

Personne dans la salle n'a jamais entendu sa réponse et il est parti comme il n'est pas venu: avec une infinie discrétion, la queue entre les jambes, foi d'urologue!

Le syndrome du tacon et du grelot

J'ai la grande chance de ne pas facilement rougir devant un patient lorsque je suis gêné. Un jour, un collègue urologue me téléphone et me propose de descendre en salle d'examen pour me montrer le syndrome du tacon et du grelot.

Je faisais effectivement partie de ses confrères ne connaissant pas ces 2 syndromes fondamentaux que l'on ne peut pas apprendre dans les livres mais que l'on rencontre parfois dans la pratique.

Nicolas le savait bien et désirait ardemment approfondir ma culture urologique. Arrivé en salle d'examen, je salue le patient qui se trouvait en position gynécologique, à savoir le bas du corps dénudé et les jambes écartées sur des étriers. Il avait gardé sa chemise-cravate.

> «Monsieur!» dit Nicolas «il n'y a rien de grave, nous parlons uniquement technique».

Et à mon intention, malgré le regard très interrogatif du patient qui nous regardait discuter entre ses jambes bien écartées:

> «Tu constateras ici l'association rare mais typique du syndrome du tacon et du syndrome du grelot».

Effectivement, le patient avait oublié d'enlever ce petit coin de mouchoir en papier qu'il avait soigneusement prélevé, enroulé entre ses doigts pour l'enfoncer légèrement dans l'anus afin d'éviter de salir sa culotte.

Malheureusement, le résultat n'était pas optimal puisqu'il était également associé au syndrome du grelot, à savoir qu'une petite boulette de selles avait emprisonné l'extrémité d'un poil des fesses. J'ai la chance de ne pas facilement rougir devant un patient lorsque je suis gêné ...

Crudités urologiques - II

Jean-Emmanuel LALIVE

Vive la différence...

Il y a différentes façons de pratiquer l'onanisme. Certains de mes patients m'ont enrichi en ce domaine. Un paysan célibataire a profité d'un bilan de prostate pour lever un doute qui commençait à le ronger: était-ce normal pour lui et surtout inoffensif de se masturber en s'écrasant la verge à l'aide d'un presse-purée?

Certains patients n'ont pas la même honnêteté quelque peu naïve et c'est contraints et forcés qu'ils me consultent comme ce jeune homme qui s'était enfilé un tuyau de caoutchouc souple dans l'urètre du pénis pour agrémenter une masturbation. Malheureusement, dans l'action, le cathéter en caoutchouc a été avalé par la verge et a filé dans la vessie.

La puissance des médias

Si certaines personnes éprouvent une gêne compréhensible à montrer leurs attributs, d'autres souffrent d'une gêne pathologique, un complexe gravement établi. Comme ce jeune trader de 25 ans, plutôt bien de sa personne, soigné, au physique agréable, archi convaincu d'avoir une verge ridiculement petite. À tel point qu'il ne s'était jamais déshabillé ni devant une fille ni devant des camarades. Sa certitude lui venait des films pornographiques visualisés sur le net.

Les nombreux spécialistes consultés ont eu beau tenter de le convaincre qu'il était parfaitement dans la norme scientifiquement établie, la réalité des films a été plus forte et il a finalement trouvé un «honnête» spécialiste américain pour l'aider à traiter son complexe illégitime à l'aide de quelques coups de bistouri.

Quand la loi s'en mêle.....

Parfois, ce n'est pas le patient qui demande un avis médical mais le juge pour examiner une victime ou un suspect. Lors de ce deuzième cas de figure, je devais photographier la verge en érection d'un apprenti curé accusé d'attouchement par un jeune handicapé mental qui avait fait une description très précise au juge de la verge de son agresseur. En allant au travail ce matin-là, je m'arrêtai dans un kiosque pour acheter un petit journal érotique pour couples (dont la facture fut transmise à la direction de l'établissement hospitalier). Je n'avais pas bien réfléchi au fait que les préférences de l'apprenti curé n'étaient probablement pas en adéquation avec ce type de revue ce qui m'a valu passablement de retard dans ma consultation! Contrairement à ce que dit Brassens dans sa chanson, il n'est pas si facile d'obtenir une érection pour un juge.

Une vraie étiole de mer

Je dois avouer avoir de la peine à ne pas montrer mon agacement lorsqu'un fort tabagique vient demander de l'aide pour ses troubles érectiles tout en s'interrogeant sur la cause mystérieuse qui a bien pu le rendre impuissant. Mais d'autres situations me touchent plus comme celle de cet homme de 60 ans venant me consulter pour des troubles érectiles.

Il était propre, bien habillé, avec du vocabulaire et m'a raconté sa mésaventure survenue 3 mois plus tôt. Il rencontre une femme de son âge et se lie assez rapidement d'une amitié leur permettant d'envisager une relation sexuelle. Il lui avoue alors que malgré son âge, il est puceau. Dans un contexte malheureusement très classique, il se met au lit, elle sur le dos et lui éteint la lumière. On comprend bien que l'excitation, après 60 ans d'abstinence, lui ait permis d'avoir une érection. Malheureusement, son inexpérience ne lui a pas permis de trouver l'orifice vaginal et le stress a commencé à l'envahir, aggravé par l'extrême passivité de sa partenaire.

Une vraie étoile de mer. Les 3 tentatives ultérieures ont été pires encore, probablement par angoisse de performance. La compagne a finalement quitté le patient. J'ai donc pris fait et cause pour ce pauvre homme qui a failli goûter à la première félicité à l'âge de 60 ans. Je lui ai donné les pilules nécessaires et surtout, lui ai conseillé de laisser une certaine lumière tamisée voire de positionner une future partenaire à 4 pattes pour qu'il ne soit plus confronté à cet échec mortifiant.

Même les poubelles servent à quelque chose..

Dans un couple, la stérilisation de l'homme (vasectomie) est souvent vivement suggérée par la conjointe qui se joint habituellement à la première consultation pour s'assurer que son partenaire ne fasse pas un refus d'obstacle.

Il faut cependant que le médecin s'assure que la décision est tout de même partagée par le futur patient. Mais la situation inverse peut également survenir lorsque l'homme souhaite bénéficier de cette vasectomie alors que l'épouse désire encore un enfant.

Il y a un couple pour lequel je n'ai pas eu le temps d'influencer la décision: alors qu'ils utilisaient les préservatifs comme moyen de contraception, madame est allée rechercher le préservatif et son contenu dans la poubelle de la chambre à coucher pour procéder à une auto-inséminaion… avec succès!

Analyse d'expert

Dans le monde médical, l'humour est un mécanisme de défense fréquemment utilisé pour contrer la lourdeur des cas rencontrés, le stress, la peur, la peine, le contact avec la souffrance qui pourrait devenir intolérable…
«Parfois, un cigare n'est rien d'autre qu'un cigare», disait Sigmund FREUD, et des situations cocasses surviennent tout simplement… en vain de chercher des sous-entendus à tout et de vouloir tout interpréter.

Le perroquet crucifié - la vie en 3 temps

Philippe COUILLARD

Ὁ βίος βραχύς, ἡ δὲ τέχνη μακρή,
ὁ δὲ καιρὸς ὀξύς,
ἡ δὲ πεῖρα σφαλερή,
ἡ δὲ κρίσις χαλεπή

La vie est courte,
l'art long,
l'opportunité rapide,
l'expérimentation faillible,
le jugement difficile.

Hippocrate, Aphorismes (sect. 1, no 1)

Le jeune médecin fait la visite de l'unité de néonatalogie. Obnubilé par la technique, la science avant l'art, il veut tout connaître, tout pratiquer, devenir le meilleur et que cela se sache. Une salle est réservée aux nouveaux nés de la veille, et pour l'un d'entre eux une consultation en neurochirurgie a été demandée.

Bonne nouvelle: un autre cas, une autre occasion d'apprendre. Le petit bébé est couché sur le ventre dans son incubateur, un large pansement recouvre le bas de son dos. Il a une malformation de la moelle épinière. Ses jambes sont et demeureront paralysées, il portera une couche toute sa vie et sera certainement hydrocéphale. Au programme: dans un premier temps fermeture de la malformation, puis mise en place d'un tube et d'une valve dans le crâne pour contrôler l'hydrocéphalie.

Durant l'hospitalisation, rencontre avec l'«équipe multi», puis congé à la maison deux ou trois semaines plus tard avec des jeunes parents qui commencent à peine à réaliser l'énormité de ce qui leur arrive. Au cours des années qui viennent, visites incessantes à l'hôpital, complications et interventions multiples, la vie avec un enfant souvent pétillant, intelligent. Bien des larmes et des nuits sans sommeil, l'appréhension de l'adolescence et de la vie d'adulte. Et plus tard, quand ils ne seront plus là, qui s'en occupera?

Le jeune médecin ne voit pas cela, c'est bien théorique quand on n'a que trente ans et des enfants en pleine santé. Pendant qu'il examine l'enfant (attention! ne rien oublier, il faut que la note soit parfaite!), il échafaude les scénarios chirurgicaux, les techniques à employer, leur séquence, le geste qui fera la différence. Assis dans le coin, il écrit sa note et pense au reste de la journée à venir. Derrière lui, les infirmières s'emploient à refaire le pansement. Les rayons du soleil matinal entrent comme de longs doigts parallèles à travers les persiennes.

Une des infirmières prend le bébé dans ses bras et le berce avec tendresse. Elle l'amène au milieu de la pièce et l'élève au bout de ses bras en tournant sur elle-même, alors que joue à la radio une belle mélodie sans paroles ... le bébé et les cheveux de l'infirmière virevoltent dans la lumière... Et le jeune médecin commence à réaliser qu'il n'a pas tout compris du «cas».

Derrière la contradiction entre le destin de cet enfant et ce qui se passe devant lui, il y a la célébration de la vie, une scène d'une beauté telle qu'on souhaiterait qu'elle ne cesse jamais, malgré la tragédie qui ne fait que débuter pour cette famille, frappée au hasard parmi d'autres. Au fil des années qui passeront, ces quelques minutes ne s'effaceront pas dans le brouillard de sa mémoire comme le feront la plupart des opérations, les notes élégantes au dossier, même le nom de cette mélodie, pourtant si belle. Au long de la promenade aux paysages changeants que sera sa vie, ce moment, cet enfant, cette femme remonteront souvent à la surface de sa conscience, comme un tableau que l'on retourne voir à la galerie des souvenirs, sans vraiment savoir pourquoi.

Le médecin, toujours jeune, fait sa visite du samedi à l'unité de soins. Rien de bien particulier d'abord, les opérés vont bien, des congés à donner, des médicaments à renouveler.

Les collègues que l'on croise, avec lesquels on converse, échangeant des observations (souvent les plus précieuses!) sur certains malades. Tiens, il y a un peu d'agitation à l'extrémité du corridor, approchons-nous. M. F… est là depuis quelques mois. Pas de famille connue, dans la soixantaine avancée, il est quadriplégique depuis une chute banale. La colonne vertébrale a été stabilisée, mais les dégâts sont irréversibles. Depuis quelques jours, il a des difficultés respiratoires. Un de ces malades chroniques dont on ne sait trop que faire. Ce matin-là, il est en train de mourir.

Inconscient, grisâtre, les yeux révulsés, il respire avec peine. Une infirmière est à son chevet depuis déjà un moment. Elle tient sa main, lui parle doucement, l'appelle par son prénom que peu connaissent («M. F… dans le 24B»):

«Laisse-toi aller, ne lutte pas, tu seras bien»,

lui dit-elle sans lâcher sa main. Les respirations s'espacent… les yeux se ferment. Il est parti.

L'infirmière se relève, replace les mains de M. F… le long de son corps et, les larmes aux yeux, va compléter son dossier. Ces larmes, ce sont les seules qui seront versées pour cet homme, dont le corps meurtri ne sera pas réclamé. Elles l'ont été par quelqu'un qui ne l'a connu que dans cet état, quelques heures par jour, mais qui a pris le temps de rester avec lui pour le passage vers on ne sait trop quoi, ce passage qui nous attend tous mais auquel on ne veut pas trop penser.

Peut être, pour être capable d'un geste pareil, faut-il l'accepter pleinement pour soi-même, être capable de se voir là, dans ce lit, en souhaitant ne pas être seul. Mais pourquoi, 25 années plus tard, cet épisode est-il si clair, si bien préservé, alors que des centaines d'autres se sont évanouis? Quelle était son importance? Quel message recelait-il?

Quelques années de plus ont passé. Le médecin est moins jeune, ses cheveux ont grisonné, quelques échecs ont ébranlé ses certitudes. Ce matin-là, il doit annoncer à M. G… que la tumeur dont il a prélevé un échantillon est très maligne, incurable. Selon toute vraisemblance, dans six mois, peut être un peu plus, la mort viendra réclamer le paiement de la dette que G…, comme nous tous, a contractée en naissant. Se dirigeant vers la chambre, le médecin n'a pour seul bagage que son expérience et une humanité qui s'est finalement bâtie peu à peu, au hasard des événements et des contacts humains, en demandant à la science et aux «données probantes» de s'écarter un peu.

De nos jours, on enseigne aux étudiants en médecine «l'annonce d'une mauvaise nouvelle» … étrange … cela peut il s'enseigner? Peut-être, après tout.

G… est «assis au fauteuil», comme on dit, et lit son journal. Il salue le médecin, lui demande gentiment comment se passe sa journée. Rapidement, il devine de quoi il sera question et dépose son journal. Il écoute attentivement. Le messager dit aussi: Il est temps de préparer vos affaires pour votre famille. Lorsque le médecin a terminé, il hoche la tête, indiquant qu'il a bien compris.

> «Avez-vous des questions, M. G…, quelque chose qui vous préoccupe particulièrement?» (Quelle question bizarre, dans les circonstances!).
>
> «Non, répond-il, j'ai très bien compris, merci de votre franchise, je ferai ce qu'il faudra. Mais assoyez-vous donc un moment, Docteur, j'aurais une bonne histoire à vous conter».

Ici, il faut faire une pause, et indiquer au lecteur que G… comprend très bien ce qui a été dit. Il est pleinement conscient de ce qui se passe, sa tumeur n'a pas encore affecté son jugement. Cela, c'est pour plus tard, au moment du grand naufrage.

Et G… raconte au médecin une bonne histoire, comme on dit chez nous. Il y est question d'un homme («une fois c'tun gars, comprends-tu?») qui s'achète un perroquet, menace de le crucifier s'il fait de nouveaux appels interurbains etc … Ce qui devait arriver arrive, et notre perroquet se retrouve encloué au-dessus de la porte. Et voilà notre volatile en conversation avec le crucifix qui étend ses bras au-dessus de l'autre porte...

> «Depuis combien de temps es-tu là? Ah... 2000 ans!...
> Diable, où donc as-tu téléphoné?».

Après un bel et franc éclat de rire, que le médecin n'ose partager, il lui fait un clin d'œil et lui dit sans parole...

Tu vois? Ce n'est pas si grave, ne t'en fais pas, tout ira bien, la vie a été bonne pour moi. Pourquoi a-t-il éprouvé le besoin, lui qui porte la mort dans sa tête, de rassurer le médecin, de lui montrer que même ce jour-là on pouvait rire?

A-t-il perçu que le docteur était mal à l'aise? Ou plutôt avait-il déjà, bien avant, perçu la réalité de la brièveté de la vie, sa fragilité et a-t-il voulu partager cette connaissance?

En retournant à la maison ce jour-là, le médecin prend conscience de la vraie nature des victoires de la médecine. Oui, elle sauve des vies, mais alors ce ne sont que des victoires fugaces dans un long combat dont l'issue est inéluctable. Quel est donc le sens profond de tout cela, si aucune vie n'est vraiment sauvée, au bout du chemin? Un jour notre corps nous trahit pour de bon, mais comme disait Talleyrand, un expert en la matière: «Sire, la trahison, ce n'est qu'une question de date».

Au cours des années qui suivent, le médecin demeure passionné par son travail. Il le fait même de mieux en mieux, et commence à bien voir la réalité, l'importance primordiale des relations humaines, l'importance égale de l'art et de la science, du temps qu'il faut mettre, de ce qu'il faut voir et comprendre pour vraiment aller au-delà de la maladie et toucher à la personne (*ars longa, vita brevis!*). Le plaisir que l'on a à enseigner aux plus jeunes, à participer à la gestion de son hôpital, à apprendre des autres, de chaque malade que l'on croise. Mais toujours la même question chez cet homme qui, une fois les choses maîtrisées, recherche incessamment d'autres montagnes à gravir... mais pourquoi?

Et, lentement, il développe sa compréhension de la réalité en posant une autre question ... Ou la même, mais formulée autrement.

Quelles sont les activités humaines qui doivent figurer dans le parcours d'une vie de façon à transcender la brièveté de l'existence et laisser une trace sur le rivage du Styx qu'au moins Charon** verra, avant de nous faire signe de monter dans sa barque? Celles qui contiennent une part de grande immortalité, comme l'écrit si bien Kundera, un chirurgien de l'âme qui ne fait pas dans la dentelle. Et sa réponse prend forme, celle qui n'appartient qu'à lui puisque chacun la formulera à sa façon: la création artistique d'abord, qui permet de toucher le cœur et l'esprit, au-delà du temps. Mais, sans talent véritable, problème! Ou l'action politique qui, malgré ses travers et ses coups de pied, demeure la meilleure façon d'arrêter de pleurnicher dans les gradins et de descendre faire un passage sur le terrain où une société essaie de devenir meilleure. Déposer sa petite brique dans une construction sans fin.

Mais le médecin, aujourd'hui encore plus grisonnant a compris que la même question reviendra, encore et toujours ... et les montagnes qu'il peut ou veut encore gravir s'éloignent.

Mais ceci est une autre histoire ... «Une fois c't'un gars, comprends-tu?»

Analyse d'expert

Évolution de la pratique médicale et de la maturité au fil de l'expérience, où la connaissance de soi, de l'autre et de la vie permettent de conjuguer la science et l'art au service des patients.
La pensée scientifique (médecin) et l'humour (patient) comme moyens de défense devant la souffrance.

** Charon, dans la mythologie grecque avait pour rôle de faire passer sur sa barque, moyennant un péage, les ombres errantes des défunts à travers le fleuve appelé Styx vers la mort.

Sous des yeux de verre

Claude-François ROBERT

«Mille poupées! J'ai au moins mille poupées ...»

C'était sans doute vrai. Des armoires pleines, des rangées de bibliothèques entières peuplées de petits êtres assis, immobiles, de toutes tailles, du fœtus au gros bébé, vêtus de langes, de robes, d'atours nuptiaux. Quelques bougies aussi, aux senteurs parfumées, qu'elle avait réparties sur un guéridon.

Elle restait couchée à plat sur le lit, un modèle d'avant-guerre en bois, et se tenait le ventre à cause des douleurs, ondulant lentement pour chasser les crampes. J'attendais que l'antalgie agisse, en silence, observé de deux mille yeux.

«Rue des Jonquilles, une maison ancienne, derrière la fontaine»,

m'avait-elle indiqué au téléphone. J'imagine qu'elle y a toujours vécu. Elle m'avait serré la paume avec ses deux mains, comme si elle n'avait pas vu un être humain depuis longtemps. Elle ne savait plus ce qui la faisait souffrir. Il ne lui restait que l'oubli pour passer le temps et la compagnie de son petit monde.

Sa clinique de poupée était connue de toutes les fillettes, à l'époque. Plus maintenant. On ne répare pas les «barbies», on les jette depuis Marylin.

«Vous savez, je n'ai pas eu d'enfants, alors ... »

Une poupée, j'en avais tenu une dans mes bras une heure avant. Elle pesait huit kilos et braillait comme une trompette. Ses parents désemparés ne savaient plus quoi faire.

«Elle refuse le biberon», implorait la mère.

«Je la berce depuis trois heures», soupirait le père.

Pas de fièvre, pas de douleurs, tympans nets, «guilis-guilis», on sourit au docteur et voilà les parents piteux. Empathique, rassurant, je prodigue quelques conseils.

Je m'inspire plus de mon expérience paternelle que des connaissances facultaires. Pas de grand-mère à l'horizon pour ce jeune couple, juste le désarroi qui conduit à appeler le médecin de garde en pleine nuit, la peur de faire faux.

«Donc, vous n'avez pas eu d'enfants ...»

Les douleurs se sont calmées; les souvenirs reprennent le dessus.

> «J'avais fait une fausse couche, avec hémorragie. C'était la guerre, il n'y avait pas tous ces traitements. Dire que maintenant, une femme de soixante ans peut porter un bébé ..»

Son regard s'est élevé vers les rangées de poupées. On était là, les deux, avec mille témoins.

«J'ai eu si mal! ...»

Lors de la fausse couche ou il y a une heure? Le temps s'est contracté. Je me souviens de son allure quand je suis entré dans l'appartement. Elle n'avait pas verrouillé la porte. J'ai parcouru le corridor sombre, en évitant de bousculer les bibelots, attiré par la lueur des bougies dans la pièce.

Avec l'expérience, on saisit d'un coup la situation, une image et l'odeur qui va avec, masquée difficilement par les senteurs du suif consumé. Sans chercher, le diagnostic s'impose. Pancréas? Cancer de l'estomac?

Bien sûr, il faudra vérifier, investiguer, radiographier, mais c'est souvent juste, hélas! La lampe de chevet l'éclairait, lui donnant un teint cireux, comme ces visages de céramique au-dessus. Elle se tenait le ventre à pleine main.

Elle avait beaucoup maigri depuis le dernier contrôle au cabinet. Maintenant, elle souriait, apaisée. Une mèche projeta une longue flamme en grésillant.

«Mille bébés! Ce serait trop pour une seule femme».

«Ce serait vraiment trop»,

susurraient ces lèvres serrées sur le silence.

Et dans ses yeux, au soir de sa vie, se reflétaient les regards ternes de ses mille poupées, comme autant d'enfants jamais grandis.

Analyse d'expert

Le désir d'enfant est presque universellement présent chez les femmes et les hommes.

Cette dame nous le rappelle et illustre de quelle manière elle l'a sublimé. Chaque poupée, chaque fillette émerveillée acccueillie chez elle a reçu tout l'amour que cette mère oubliée a gardé dans son coeur.

Même le médecin se laisse toucher par cette dynamique omniprésente dans les propos, les gestes, voire les symptômes de cette dame attachante, en mal de maternité.

Heureusement, il a la délicatesse de n'en rien laisser paraître et de l'accueillir et de la soutenir dans une silencieuse complicité.

Le rôle du médecin n'est pas de tout nommer, de tout dire et de tout changer...Il est bien souvent d'accompagner...

Le doigt dans le bon trou

Luc HUMAIR

L'histoire vécue de ce malade me paraît miraculeuse et quasi irréelle, alors que ce fut bien une situation qui peut survenir en 40 ans de carrière médicale.

Un dimanche de septembre, j'attendais avec mon collègue chirurgien un rein d'un donneur allemand qui était compatible avec un receveur venant de Genève.

Nous étions au 10e étage de l'hôpital cantonal de Genève en Suisse, lorsque le «bip» (paget) de mon collègue sonne. Le chef de garde de chirurgie venait lui demander conseil et ce qu'il fallait faire chez un malade qui s'était planté un coup de couteau dans le cœur. Le chirurgien sans aucune hésitation répond

«Je viens».

Je suis mon collègue et arrivés au rez-de- chaussée le «bip» sonne à nouveau; on lui annonce alors: «Ne viens pas car le malade est mort».

Malgré tout, la curiosité ne nous empêche pas de faire 50 mètres pour contempler le tableau qui nous attendait dans la grande salle d'admission. Autour d'un jeune patient, un chirurgien massait la cage thoracique de laquelle sortait le sang en abondance. Simultanément, un anesthésiste ventilait le malade au bout d'un tube de Mayo et deux autres chirurgiens essayaient de trouver une voie veineuse aux membres supérieurs.

Cette pièce d'examen ordinaire fut transformée en salle de spectacle en quelques secondes. Tous les acteurs étaient présents. Les chirurgiens, les chirurgiens thoraciques, les intensivistes, les internistes (dont moi…), les radiologues, les internes et stagiaires externes…. Le personnel soignant représentait pour ainsi dire le rideau de cette plateforme, se transformant, sous le jet rouge du sang du patient «mort», en scène meurtrière…

À vous couper le souffle. On se croirait dans un film

fantastique??? Je dois avouer que ce genre de mise en scène n'était pas forcément celle que j'ai vécue le plus souvent dans ma vie de médecin. La tension ne cessait pas de monter et l'ambiance avec...

Sans trop réfléchir (effectivement, il y avait moins de secondes à disposition que de spectateurs), mon collègue chirurgien enfile des gants, fend le thorax afin de découvrir le cœur.

Et voilà, le cœur à ciel ouvert.

Ce fut un beau ciel, misère! Entre les linges qui absorbent le sang coulant, nous observons la présence d'un trou de 2 cm sur la paroi latérale du ventricule droit. Le collègue chirurgien décide alors immédiatement d'enfoncer son doigt pour boucher le trou dans le cœur tout en essayant de le masser simultanément.

Hélas, le malade a perdu trop de sang ce qui a désamorcé la pompe complètement.

Le médecin réanimateur saisit le cathéter d'un médecin qui dénudait, il pique dans une veine sous la clavicule gauche et enfile le cathéter. Rapidement il perfuse du plasma sous pression. Après avoir perfusé deux flacons il entend son collègue dire «Je sens le cœur qui gonfle». Quelques minutes plus tard, les battements cardiaques reprennent de façon anarchique puis tout à fait régulièrement. Au bout de 20 minutes on enregistre un électrocardiogramme correct pour la situation. À la suite du plasma, on passe du sang et on peut constater l'apparition d'un pouls fémoral mais bien faible encore.

Comme la situation s'est «stabilisée», façon de parler, l'électrocardiogramme redevenu pratiquement normal, toute l'équipe se dirige vers la salle d'opération, le chirurgien tenant toujours son doigt sur le trou du ventricule droit.

Une fois le cœur suturé, la plaie thoracique parée et suturée, le thorax drainé, le patient est encore relié au ventilateur, lui permettant de respirer artificiellement.

48 heures plus tard, le patient reprend conscience et il est extubé et finit sa guérison dans une unité de soins.

À ce moment-là, d'autres «acteurs» rentrent sur la scène: les neurologues et les neuro-psychologues, les psychiatres. Ils sont empressés de contrôler l'état du cerveau!!

Contrairement à tous les pronostics, le malade était tout à fait conscient et il a pu nous raconter son histoire: Il était hospitalisé depuis 10 jours dans une clinique de psychiatrie pour des troubles psychiques. Il a profité d'une fin de semaine de congé pour vouloir mettre fin à ses jours en s'enfonçant un couteau dans le cœur et en fracturant deux côtes au passage.

Lorsque le «bip» sonna, vous connaissez la suite de l'histoire… ..le rein fut transplanté rapidement et il fonctionna à merveille.

Curieusement, et nous n'avons aucune explication, le patient n'a plus jamais eu besoin de soins psychiatriques…. Une pensée finaliste pourrait soutenir le fait que le choc et l'arrêt cardiaque qu'il a subit, ont servi d'électrochoc pour sa maladie psychique...

Analyse d'expert

Comme le travail de médecin peut être gratifiant parfois, quand la vie reprend ses droits alors que l'on croyait tout perdu! Ce ballet de spécialistes dédiés, sous adrénaline, prêts à tout pour tenter de sauver quelqu'un...et y arriver contre toute attente.

Et que dire de la découverte ultérieure de cet homme si désespéré de la vie, que seule la mort lui semblait pouvoir apaiser sa souffrance...Nul doute que d'avoir frôlé de si près la mort lui a fait réaliser la beauté et la grandeur d'être en vie. Ces hommes et ces femmes d'exception l'ont sauvé,lui, lui ont confirmé qu'il comptait pour eux et, de ce fait, qu'il pouvait compter aussi pour d'autres, que sa vie avait de l'importance... Ce n'est pas si rare de voir des personnes suicidaires réorienter leur vision de la vie et de la mort lorsqu'elles se retrouvent gravement malades ou près de mourir.

En toute personne suicidaire sommeille le désir de vivre. Il faut lui donner la chance d'être reconnu.

Le chemin de croix

Philippe FURGER

C'est une histoire banale! Mais quand la banalité nous touche nous-même, elle perd un peu de sa banalité...

Dans le wagon 28, c'est calme. Assis face à mes parents, j'ai le privilège de pouvoir partager quelques jours avec eux au marché de Noël de Cologne. C'est une très belle ville en Allemagne.

Du coup, le haut-parleur du train rompt le silence:

«**S'il y a un médecin dans ce train, il est prié de bien vouloir se diriger immédiatement vers le wagon 21**».

C'était un peu comme dans l'avion, quand ils cherchent un gynécologue pour un accouchement en urgence...

Le train est bondé. Je m'élance alors à travers les sacs à dos des jeunes montagnards, de grosses valises, des personnes debout avec une canette de bière à la main. Arrivé à bon port, je me retrouve devant une foule typique lorsqu'il y a de quoi à photographier et à filmer pour mettre en direct sur l'internet pratiquement avant que ça arrive....un vrai progrès, la technologie!

Une dame dans la soixantaine gît sur le sol.... inconsciente, la peau violacée. Sans réfléchir, j'applique le protocole adapté à cette situation médicale. Il s'agit d'automatismes thérapeutiques que chaque médecin apprend lors de sa formation...On doit mettre de côté nos sentiments et nos émotions durant cette prise en charge d'urgence! Chose faite!

À l'aide de deux médecins, la patiente sera rapidement déplacée sur une plateforme entre deux wagons, afin de pouvoir contrôler ses signes vitaux.

La patiente et comateuse, présente une fréquence cardiaque très basse. De la mousse blanche sort de sa bouche.

Fait-elle une crise d'épilepsie? Ou peut-être un infarctus du cœur qui ralenti son rythme cardiaque au point d'expliquer-son état comateux et peut-être aussi sa crise d'épilepsie?

Pas de réponse!

Avec les années, on s'habitue à croire que la médecine moderne a des réponses à tout, mais au fond, il y a tellement de questions sans réponse, ce qui relativise passablement notre sentiment de toute-puissance!

La réanimation débute et déjà quelques minutes plus tard nous arrivons à Mannheim où une équipe médicale est sur place pour prendre la patiente en charge.

Je rejoins alors le wagon numéro 28 où mes parents m'attendent impatiemment. Ils me font la remarque:

> «Bravo, ça commence bien notre séjour de repos... mais avec toi on s'attend de toute façon à tout...»

Le train reprend son trajet avec 25 minutes de retard. La gare de Mannheim, grise comme toutes les gares, disparait derrière nous. Le ciel est gris et froid.....très froid.

Nous avons hâte d'arriver à Cologne. Cette ville a gagné une réputation mondiale, non pas tant parce qu'elle est la quatrième plus grande ville du pays, mais parce qu'elle porte le nom d'une eau de toilette qui répand une odeur agréable dans les salles de bain. C'est aussi un produit en vogue pour les dames d'un âge respectable. C'est la fameuse «Eau de Cologne – 4711». Ce numéro 4711 est utilisé par les étudiants en médecine comme aide pour se rappeler des dimensions de la rate (4 x 7 x 11 cm), mais correspond en fait au numéro de la maison dans laquelle le charmant liquide a été distillé pour la première fois.

Nous sortons de la gare de Cologne où le soleil nous offre un accueil chaleureux. Émergeant de la foule qui s'agglutine dans les portes du grand hall d'entrée, nous sommes bouche bée devant les deux grandes tours du fameux dôme de Cologne. C'est réellement une merveille! Avec ses 157 mètres de haut, c'est le troisième plus haut dôme du monde. Impressionnant! On est très «petit» à côté de ces énormes tours. Mais même si on est petit, on peut avoir des problèmes qui dépassent facilement la hauteur de ces tours; du moins, c'est la suite de cette histoire banale qui me fait penser ça.

La visite de la ville est intéressante: la folie d'achat d'avant Noël induit un état de nervosité permanent accompagné des cris demandeurs et surtout infatigables des enfants. Cette tension de fin d'année créée par la foule anonyme traduit l'importance que la société veut bien donner à cette fête, où le «bonheur» est censé remplacer virtuellement la tristesse et la souffrance.

Le soir, c'est la bonne bouffe. Le gros steak irlandais accompagné d'une patate géante remplie de crème acidulée à la ciboulette fait le bonheur des gourmands culinaires.

Mais voilà que le drame survient. À peine sortie du restaurant, ma mère commence à ralentir son pas, s'agrippe au bras de mon père afin d'assurer l'équilibre. Je la regarde et je la vois chercher son souffle. Sa peau est pâle, la tête penchée un peu vers le bas, mais pas seulement pour éviter de marcher sur les bouteilles de bière cassées... elle n'avait plus la force de se tenir droite.

Enfin, nous réussissons à gagner de peine et de misère la chambre d'hôtel transformée du coup en chambre d'hôpital.

Afin de faciliter la respiration, ma mère se met en position fœtale. Entre deux souffles, elle me fait comprendre qu'elle a oublié les inhalations qui l'aident à respirer...

Je pose doucement mon oreille sur son dos pour écouter les bruits de sa respiration. C'est comme si l'Orchestre philharmonique de Cologne m'offrait une belle sérénade de Mozart. Normalement j'adore la musique classique, mais pas forcément sur «le dos de ma mère». Cette situation devait ressembler un peu à celle d'un plongeur, qui, à 40, mètres de profondeur, perd son détendeur.... c'est la panique! Je sens que mes «automatismes médicaux», encore entraînés quelques heures auparavent chez la patiente dans le train, ne sont plus respectés... c'est comme si la «raison médicale» m'avait quitté... et pourtant, plus de 20 ans d'expérience dans ce domaine ne devrait pas laisser de la place à une interprétation médicale «faite maison»!

Je descends les escaliers en courant pour demander à un employé de la réception de bien vouloir m'indiquer la pharmacie de garde. Malheureusement, juste à ce moment-là, une troupe de Japonais m'obstrue l'accès au desk de l'information: le vrai bonheur!

Sans hésitation et sans vergogne, je les écarte en demandant fermement:

> «S'il-vous-plaît, dites-moi où se trouve la pharmacie de garde la plus proche».

Le gentil monsieur regarde rapidement sa montre indiquant 20h18 et me dit:

> «Ah! C'est bien dommage, mais la pharmacie la plus proche a fermé il y a 3 minutes. Il faut aller à la gare».

Le bonheur encore une fois.... je quitte l'hôtel en courant.

Arrivé à la gare en sueur, une masse de personnes ralentit mon rythme sportif. Je demande alors à un policier où se trouve la pharmacie. Avec un air très sévère (étonnant, n'est-ce pas?), il dit:

> «Oh, la-la, vous vous trouvez bien loin de la pharmacie».

Je garde mon sourire et essaye de me frayer un chemin à travers cette masse de personnes se transformant graduellement en un mur de béton armé.

Enfin, je vois le signe de la pharmacie apparaître. C'est comme l'étoile de Bethléem.

J'entre tout droit en direction de la caisse et demande à la jeune fille de bien vouloir me donner le médicament contre le spasme respiratoire de ma maman, luttant pour son souffle dans la chambre «4 étoiles» (avec celle de Bethléem, ça fera réellement un «5 étoiles»). La toute jeune vendeuse me regarde avec de grands yeux, me faisant comprendre qu'elle n'a pas la compétence pour me donner le médicament en question. Le fait que je sois médecin ne l'intéresse pas. Tout ce qu'elle veut voir, c'est ma petite carte en plastique confirmant mon image sociale si précieuse, semble-t-il....

Finalement, le chef de la pharmacie se pointe au bout d'une minute (il n'était pas pressé....il mâchait tranquillement son dernier bout de sandwich...). Son nez pointu, agencé à la fermeture serrée du dernier bouton de sa chemise blanche, m'indique très rapidement que le fait de pouvoir m'occuper d'une personne en détresse ne revêt aucune importance, du moins tant que je ne lui aurai pas montré ma maudite petite carte en plastique, oubliée à l'hôtel.

«Pas de carte, pas de médicament...» dit-il, d'une arrogance universitaire, sans compassion bien entendu!

Ayant assez vite compris mon impuissance, je quitte la pharmacie en courant pour rejoindre le coffre-fort de ma chambre d'hôtel. Une vraie course zigzagante entre des amas de neige, la grosse foule s'agglutinant autour de moi (car évidemment, il n'y a pas d'autre endroit où niaiser debout en attendant le prochain bol de vin chaud de Noël ...).

Mon deuxième tour pour rejoindre la belle pharmacie est pratiquement un régal...youppi, je connais le chemin! Je traverse la porte coulissante qui met une éternité à s'ouvrir et je lance ma petite carte sur le comptoir de mon petit gars de pharmacien. Sans un mot, le p'tit «morveux» cravaté va chercher mon produit-miracle et le pose à côté de la caisse.

Je le ramasse à toute vitesse. C'est reparti pour rejoindre enfin ma mère. Arrivé devant la chambre de «ma patiente», je commence à chercher nerveusement le médicament dans toutes mes poches (et je vous assure, les habits d'hiver en ont de ces poches!!!) - INTROUVABLE! Cet inhalateur a disparu!

L'histoire commence à tourner en un «thriller» dont j'étais acteur, soignant, victime et accessoirement encore fils.

Avec un esprit sportif de coureur de courte distance, j'entreprends un autre tour de stade (genre «tour d'honneur du perdant») tout en scannant le sol pour retrouver la petite boite blanche, si précieuse. Rien. J'entre pour la troisième fois dans mon «bistro» favori. Durant mon sprint, je me pose la question:

«Mais pourquoi tu n'es même pas entré dans la chambre de ta patiente pour voir comment elle va.... peut-être il aurait fallu appeler le numéro de secours immédiatement.....»!! Mais mon esprit était concentré sur ce maudit médicament qui pouvait améliorer la situation en quelques minutes....! Quelle erreur de gestion médicale!

Arrivé à la pharmacie, mon «pote» m'attendait au comptoir. Ni son nez, ni le dernier bouton de sa chemise amidonnée n'ont changé de rigueur (pourquoi au fond... on ne change jamais!). Sèchement je lui dis:

> «J'ai perdu le médicament! Introuvable. Vous devez me donner un autre spray».

Le p'tit gars me regarde et murmure:

> «C'est bien dommage, mais je n'en ai plus d'autre. C'était mon dernier emballage».

Je le fixe intensément et lui dis:

> «Cher Monsieur, je vais refaire mon chemin pour voir si je trouve le médicament par terre et si je ne le retrouve pas, tu vas me trouver un médicament équivalent...ça presse!».

Mon potentiel de patience fond à la vitesse que mon T-shirt s'imbibe par ma transpiration. Vive l'hiver!

Je refais alors pour la quatrième fois mon trajet qui devient un véritable chemin de croix! Mon aller-retour se solde par un échec. La petite boîte blanche et bleue reste introuvable entre les milliers de bottes traînant sur les plaques de marbre rendues glissantes par la «slush»!

Je reviens alors chez mon p'tit gars en lui annonçant la bonne nouvelle:

> «Le médicament a été mangé par un gorille du coin!».

Ni son petit nez ni le dernier bouton de sa chemise blanche ne la trouvent drôle. Le beau monsieur me répond:

> «J'ai trouvé encore un emballage du médicament en question, mais uniquement dans un emballage à trois unités».

«Parfait, donnes-moi juste une unité, ça fera l'affaire».

Le silence ne dure pas longtemps. Le petit nez rigide dit avec sa bouche:

> «Je ne peux pas vous donner un seul spray, je perdrais de l'argent parce que je ne peux plus vendre les deux autres unités».

Je comprenais bien qu'un pharmacien, installé à l'endroit où il était, devait faire partie de la couche la plus défavorisée de la population de Cologne, un assisté social quoi. Maudit p'tit nez!

C'est là que je le vois prendre le pistolet. Il vise vers le code-barres du fameux paquet «3 pour 1» (ou plutôt «1 pour 3»!) et toc, 80 Euros s'affichent impitoyablement sur sa caisse.

Je n'avais plus d'argent sur moi - fauché à tous les niveaux, c'est le fun! Pour une troisième fois, mon regard perce le trou de sa pupille et sort au niveau occipital pour écraser le mur sur lequel est adossée la colonne vertébrale de mon p'tit apothicaire.

Je pense qu'il a enfin compris.

Avec ses doigts de pianiste il enfonce son pouce dans la boîte pour l'ouvrir. Le petit bruit de «rrrrr..cratsch» déclenche en moi un sentiment de fin de lutte (mon père dirait: «Tant que la dernière balle n'est pas jouée, le match n'est pas gagné»...).

Mon p'tit pharmacien ne cesse pas de fouiller dans cette boîte....il persiste un soupçon d'hésitation....la dernière balle n'était pas encore jouée! Je continue à le fixer. Enfin, la couleur bleue du capuchon pointe son nez. Sans hésitation je le pince (pas celui du pharmacien) et je sors en courant de ma pharmacie bien-aimée.

En traversant ce long couloir pour la cinquième fois, je regarde quand même encore une fois par terre pour voir si cette satanée petite boîte n'avait pas été projetée par les milliers de pieds frôlant le sol. Rien! Sur le manche d'un balai de nettoyage, je vois les mains agrippées d'un monsieur aux yeux verts. Il nettoie la gare du mieux qu'il peut. C'est un beau métier, car il voit réellement du changement après avoir passé son balai! Accroché par son regard doux, je m'arrête quelques secondes (et pourtant, en aucun cas j'aurais dû faire ça.... ma mère suffoquait à l'hôtel...!!):

> «N'auriez-vous pas vu par hasard une petite boîte de médicament blanche et bleue?»

Il ouvre grand les yeux et je vois une lueur de contentement dans sa pupille se dilatant à vue d'œil. Il me dit:

> «Oui, je viens d'en jeter une à la poubelle».

> «Wow, pouvons-nous aller la chercher tout de suite, car ma mère en a besoin maintenant».

Compte tenu de l'urgence, cet arrêt et ce délai additionnel étaient irrationnels, j'en conviens, mais quand on est à bout de nerfs, ce sont des choses qui arrivent.

Très rapidement, ce beau monsieur se dirige vers le gros sac en question et le renverse par terre. Mon Dieu! Il y en avait à boire et à manger pour tout le monde: des restes de hamburgers, des saucisses pourries, de la moutarde et de la mayonnaise glissant entre les cartons des pizzas et les bouteilles de bière cassées, mais malheureusement pas de petite boîte blanche et bleue.

Le monsieur aux yeux verts me regarde tristement et me dit: «Ah! Je pense que c'est dans l'autre poubelle». «Parfait, allons-y!». On se dirige alors vers l'autre poubelle. Celle-ci est un peu plus complexe: elle compte cinq compartiments: un pour le carton, l'autre pour le papier, le troisième pour le verre, le quatrième pour les bouteilles en plastique et le cinquième... j'ai oublié. On commence alors à fouiller dans chacun de ces compartiments. Tout à coup, il s'exclame: «J'ai trouvé! Voilà! Elle est ici, ta boîte». Je regarde avec impatience pour prendre ce «trésor pharmaceutique», mais l'écriture dessus indique qu'il s'agit un médicament pour cesser de fumer et pas celui que je cherche pour dilater les pauvres bronches de ma mère. Tant pis! Avant de reprendre le long couloir, je remercie sincèrement ce beau monsieur aux yeux verts pour son aide et sa compassion.

Arrivé à l'hôtel, je suis accueilli à bras ouverts par le personnel qui commence à connaître le drôle d'oiseau qui vole pour la cinquième fois à travers leur belle réception feutrée.

L'ascenseur ne fonctionne toujours pas: c'eût été presque trop facile! Il y a plus de 80 marches à monter… facile, ça devient une routine! Enfin j'arrive dans la pièce où je retrouve ma mère dans la même position… .fœtale. C'est comme si les rôles de la vie étaient inversés: il y a 50 ans, c'est ELLE qui m'avait donné la vie et maintenant, c'est moi qui ai la chance de pouvoir lui donner un peu de souffle de vie.

Déjà, deux minutes plus tard, elle va mieux. Je passe la nuit à côté d'elle, car si son état se détériore encore, je ne voudrais pas répéter mon attitude thérapeutique «émotionnelle», comme je l'ai fait durant les 2 heures précédentes...! Inexcusable!!!

Le retour de voyage fut ponctué de retards et d'annulations de trains causés par le givrage de portes et d'une tempête digne de son nom. Mais il n'y eut ni réanimation, ni décompensation respiratoire, simplement un petit retard de quelques heures.

En face de moi, il y avait un monsieur qui se demandait pourquoi sa femme était si mécontente de ce retard. Il lui adressa sagement la parole, disant: «Dis donc! De quoi nous plaignons-nous? Nous avons de l'électricité, tu es en train de boire ton capuccino, le train est chauffé et en plus, il roule».

Ce voyage m'a permis de comprendre pourquoi il ne fallait pas traiter les membres de sa propre famille.

Comme disait l'auteur Blaise Pascal: «Le cœur a ses raisons que la raison ne connaît point.»

Analyse d'expert

Le médecin reste un médecin en toute circonstance (en vacances, en famille…). Mû par le désir (et le devoir) d'aider, les obstacles sont parfois difficiles à accepter, comme la rigidité de certaines règles appliquées sans discernement.

La prise en charge médicale est souvent influencée par les émotions et peut être accompagnée de sentiments de culpabilité...

Le grain de beauté de Louise

René LAMONTAGNE

J'ai vécu beaucoup d'expériences touchantes dans ma longue pratique de la médecine. Il en est cependant peu qui m'aient ému aussi profondément que celle-ci, pour des raisons que je ne saisis encore qu'imparfaitement.

Louise, une jolie femme de trente-six ans, me consulte une première fois pour une masse cervicale droite découverte il y a un mois.

Mariée à un homme de vingt ans son aîné, cette femme est mère de trois filles de sept, cinq et trois ans. Il n'y a ni histoire de fièvre ni symptôme d'infection. Son état général est excellent et elle ne se dit pas inquiète. Elle n'a aucun antécédent significatif de maladie. Madame a déjà été une athlète d'élite en ski et en golf. L'examen me révèle à la région cervicale latérale droite une masse non douloureuse peu mobile de 2 x 2 cm, comme une petite balle. Je ne sens aucun autre ganglion. Le foie et la rate ne montrent pas d'anomalie à la palpation. L'examen ORL et pulmonaire ne présentent aucune particularité. J'explique à Madame qu'il s'agit vraisemblablement d'un ganglion hypertrophié dont il faut trouver la cause. Elle me demande si ça m'inquiète. Je réponds: «Non, pas vraiment, mais il y a lieu de faire des examens complémentaires».

Elle passe des examens sanguins dont les résultats sont normaux. Une biopsie à l'aiguille de la masse cervicale donne un résultat douteux. Je fais donc faire une biopsie «ouverte». Quelques jours plus tard, pressé d'obtenir la conclusion de son analyse, j'appelle le pathologiste qui est catégorique. Il s'agit d'une métastase d'un mélanome. Je suis aussi surpris que désemparé.

Je revois la malade seule. Je lui explique la situation. Elle est aussi très surprise, voire incrédule. Je réexamine avec minutie le crâne, le visage, la cavité buccale ainsi que les yeux. Au niveau de la paupière inférieure droite, à la jonction muco-cutanée, je note une ligne pigmentée plutôt régulière. Je m'informe si c'est nouveau. Elle me dit qu'elle a cela depuis toujours, à sa connaissance, et que lors de ses grossesses cette ligne augmentait un peu de volume. Elle m'affirme avoir consulté à deux ou trois reprises en ophtalmologie et que l'on lui avait déconseillé une chirurgie à cause du risque d'une cicatrice visible.

Je la réfère en ophtalmologie pour exérèse de la lésion qui s'avère être le mélanome primaire.

J'explique la situation à Madame et je lui propose de la référer en oncologie pour discuter des possibilités de traitement. L'oncologue lui explique que le pronostic n'est pas très bon, mais lui propose de la chimiothérapie. Elle se dit déterminée à se battre et elle exprime beaucoup de colère à l'égard des ophtalmologistes consultés antérieurement, d'autant que l'excision de la lésion n'a laissé aucune cicatrice.

Madame tolère plutôt bien la chimiothérapie, mais perd ses cheveux, ce qui l'attriste. Je lui demande comment vont les choses à la maison avec le mari et les enfants. Elle me répond qu'elle parle peu de sa maladie au mari, peu réceptif à en discuter, et ne veut pas inquiéter ses trois filles.

Pendant huit mois, elle se porte relativement bien. Son moral tient le coup. Elle veut se battre pour ses enfants.

Puis, progressivement, son état se détériore: perte d'appétit, perte de poids, grande fatigue et elle se sent déprimée. Elle revoit donc l'oncologue et décide de cesser les traitements.

Lors de sa visite, je constate la détérioration. Je suis vraiment peiné et frustré de l'échec de la médecine devant de tels problèmes. A l'époque, on ne nous formait que pour guérir. Je vis donc la situation comme un échec personnel.

Nous discutons longuement de la situation actuelle et du pronostic. Elle me confie ne pas craindre la mort comme telle, mais est très inquiète et préoccupée pour ses trois jeunes enfants, car elle doute de la capacité du père plus âgé de bien s'occuper des petites.

Je suis bouleversé, impuissant et tendre. Je lui promets de l'accompagner quoi qu'il arrive.

Pendant environ deux mois, je l'ai visitée à domicile une à deux fois par semaine. Nos rencontres étaient sereines. Elle paraissait toujours heureuse de me voir. Nous parlions de sa souffrance, des enfants et de la vie en général. Je n'étais jamais pressé, car c'était toujours en fin de journée. Le mari ne participait jamais à ces entrevues.

Puis, son état s'est aggravé: difficulté à se lever, essoufflement, somnolence. Une décision d'hospitalisation fut prise. Les examens ont confirmé des métastases pulmonaires et cérébrales.

À l'hôpital, je lui ai rendu visite une à deux fois par jour. J'ai indiqué au dossier mon désir d'être appelé s'il y avait détérioration subite. J'ai été témoin de ses derniers mouvements respiratoires.

Triste bilan! J'ai perdu une malade, une amie. Cette expérience douloureuse m'a hanté pendant des années. Louise n'aurait-elle pas pu être sauvée avec un peu plus d'attention? Quand on voit la médecine ainsi vaincue par un minuscule grain de beauté, ne perd-on pas toute illusion sur sa prétendue puissance et sur le caractère illimité de ses conquêtes? Cette lourde histoire qui m'a plongé dans la tristesse à l'époque m'a aussi été très bénéfique. Louise m'a fait grandir. Son départ prématuré m'a permis de cheminer dans la compréhension de la vie, d'apprivoiser la mort et de l'intégrer dans l'exercice de mon noble métier.

Analyse d'expert

Le contact avec une maladie grave ou incurable nous ramène aux limites de la médecine et génère souvent un sentiment d'impuissance. Cela nous ramène aussi à notre rôle de soutien et d'accompagnement, qui nous confronte et nous permet d'apprivoiser notre propre finalité.

Mademoiselle Lucie

Roland JEANNERET

Quatre-vingt-cinq ans passés, de petite taille, la tenue raide, altière, le menton conquérant avec un petit sourire narquois, elle avait de l'allure, Mademoiselle Lucie.

Elle vivait chichement de ses rentes dans un modeste appartement tenu avec goût, entourée de jolis objets choisis, sans surcharge, de livres dont on peut être sûr qu'elle les avait tous lus. Nous étions pratiquement voisins dans un quartier qu'on appelle encore le «Quartier neuf», mais qui se fait vieux.

Au sud de l'immeuble, un petit jardin clôturé, bien aménagé, soigneusement fleuri par les dames de l'immeuble et qui servait de salon de conversation. Elles papotaient dans leur robe du dimanche et leur chapeau à large bord en buvant le thé. Leur luxe et leur fierté étaient d'entretenir leur beau jardin et d'y trôner le dimanche sous des airs de dames patronnesses.

Mademoiselle Lucie y régnait avec une autorité naturelle tant sa petite taille ne l'empêchait pas d'avoir de la grandeur et d'inspirer le respect par son érudition. Un jour, elle s'amusa que je la compare à un petit Napoléon en jupon!

Née au début du vingtième siècle dans une famille d'ouvrier, Lucie resta célibataire et eut un parcours de vie atypique. Enfant, elle démontra des qualités d'intelligence, d'ordre et de vivacité avec, j'imagine, un zeste d'espièglerie. À la sortie de l'école primaire, elle aurait souhaité faire des études, mais ses parents n'en avaient pas les moyens financiers. Elle fit donc un apprentissage de secrétaire et se rendit compte rapidement que l'anglais deviendrait une langue indispensable dans le monde de l'industrie. Elle surprit sa famille dans les années vingt en lui annonçant qu'elle souhaitait partir en Angleterre. Du haut de ses 155 cm, n'écoutant que son ambition et faisant fi des conseils parentaux, elle traversa la Manche, valise à la main, sans adresse ni emploi.

Elle resta en Angleterre deux ans, comme fille au pair et rentra au pays avec dans ses bagages l'anglais, mais, hélas!, pas d'Anglais.

De petite secrétaire, elle gravit rapidement les échelons et devint secrétaire de direction dans l'industrie horlogère, fidèle au même patron toute sa vie, malgré un salaire modeste et une chiche retraite. Et toute sa vie elle fut discrètement amoureuse de son patron.

J'ai eu le plaisir de soigner Mademoiselle Lucie pendant quelques années. Nos échanges s'écartaient du cadre strictement médical. Souvent les consultations prenaient des allures de vaudeville, d'échanges de bons mots, d'improvisation.

Notre première rencontre eut lieu dans mon cabinet, à quelques pas de chez elle. Je la vois encore dans la salle d'attente, très droite sur sa chaise pour se grandir et toisant les autres patients.

«Comment allez-vous, Mademoiselle?»

«Forcément mal, sinon je ne serais pas ici. De toute façon, Docteur, vous n'y pourrez rien. J'ai bien sûr des problèmes liés à mon âge, une vieillerie sur le déclin».

«Très bien, Mademoiselle, comme vous n'attendez rien de moi, je ne risque pas de vous décevoir. Mais pourquoi avez-vous pris rendez-vous?»

«Parce que mon entourage a insisté, alors de guerre lasse, enfin… passons! Même ma cousine, qui est infirmière, m'a poussée à consulter. Je suis en fait une petite cousine de son mari et elle déteste quand je l'appelle cousine; alors chaque fois que j'en ai l'occasion, je l'interpelle. «Bonjour cousine, comment allez-vous cousine?» Pourtant d'ordinaire je ne pratique pas beaucoup le cousinage, mais avec elle, c'est différent; ça l'irrite et je trouve cela délicieux! Faut bien se permettre quelques mesquineries, sinon la vie serait monotone. Enfin… passons!»

Après vingt minutes de préambules, je ne savais toujours pas pourquoi Mademoiselle Lucie m'avait consulté.

> «Alors de quoi souffrez-vous?»
>
> «J'y viens, j'y viens; on m'avait prévenue que vous étiez assez directif et que vous interrompiez souvent vos patients. Vous aimez rapidement creuser les problèmes; pour moi c'est bientôt la tombe qu'il faudra creuser. Enfin... passons!»
>
> «Vraiment, je vous trouve bien téméraire de me consulter».
>
> «Ecoutez, en ville, nous n'avons guère le choix. Vous êtes jeune, il faut que vous me surviviez, j'ai déjà enterré deux de vos confrères. Vous avez la réputation d'un bon diagnostic, vous avez bonne façon, votre femme est très agréable et vous habitez le quartier. C'est donc tout naturel que je fasse appel à vous, même si on dit que vous êtes assez cher. Faut bien faire marcher le commerce, comme disait mon cher patron. Enfin... passons!»

Je finis par apprendre que Mademoiselle Lucie s'essoufflait de plus en plus en montant ses escaliers, que ses jambes enflaient le soir, que son équilibre devenait précaire et que toutes ses articulations étaient douloureuses, surtout les genoux, mes «vieux cagneux», comme elle disait.

Nouvelle passe d'armes quand il fallut l'examiner:

> «Vous voulez vraiment que je me déshabille? Vous êtes courageux, je ne suis qu'un triste spectacle. Que des vieilleries à l'intérieur et du flétri en surface, je vous préviens».

L'examen clinique confirma bien vite une insuffisance cardiaque avec tachy-arythmie sur fibrillation auriculaire, une stase pulmonaire et des oedèmes périphériques. Elle présentait également une insuffisance mitrale et une sténose carotidienne gauche. Je détaille volontairement les termes techniques car Mademoiselle Lucie détestait la vulgarisation et voulait connaître le vocabulaire médical. Je fis volontiers son dictionnaire.

Elle voulait tout connaître, a voulu ausculter son souffle cardiaque, son souffle carotidien.

J'étayai mon diagnostic clinique par une prise de sang et un électrocardiogramme. Fallait bien entretenir ma réputation de médecin plutôt cher! D'emblée il fut exclu de l'envoyer consulter un cardiologue.

> «Vous n'y pensez par Docteur, je ne tiens pas à faire le cobaye. Et si le spécialiste n'est pas du même avis que vous?»

Je traitai donc Mademoiselle Lucie avec les moyens à disposition. La patiente s'améliora sous diurétique et digitalisation, du moins de mon point de vue, Mademoiselle Lucie ayant plus de peine à l'admettre. Encore une de ses coquetteries, elle aimait bien me mettre en situation d'échec.

> «Disons que le souffle est un peu meilleur, mais j'urine tout le temps avec vos médicaments et je ne suis plus tout à fait continente; ça devient humiliant. Enfin… passons!»

Au début, je contrôlais Mademoiselle Lucie tous les quinze jours à mon cabinet. Je dus la confier à un de mes collègues pendant mes vacances. À ma rentrée, je voulus savoir comment ça s'était passé.

> «Ne m'en parlez pas, plus jamais vous me m'enverrez chez votre collègue. Dans la salle d'attente, il n'y avait que des vieux (probablement tous plus jeunes qu'elle). C'est bien simple, j'ai eu l'impression d'être dans l'antichambre d'un antiquaire, comme vieux meuble, évidemment! Chez vous, c'est différent: je rencontre de jeunes adultes et même des enfants, ça me réjouit. Quoique, aujourd'hui, il n'y avait que des vieux. Je trouve ça déprimant. Docteur, auriez-vous l'amabilité de me visiter à domicile dorénavant? Bien sûr, je regretterai de voir moins souvent votre épouse qui est si charmante et avec qui j'adore papoter.
>
> Je la reverrai au cabinet quand je viendrai régler vos honoraires».

Situation paradoxale où je visitais une patiente à domicile, mais qui venait à pied au cabinet payer ses factures. La première fois, elle confia à ma femme qu'elle me faisait une entière confiance pour la médecine mais que, certainement, je n'étais pas fait pour l'administration. Les problèmes financiers se réglaient entre femmes!

Je visitais donc, désormais, Mademoiselle Lucie le mardi matin à domicile.

«Docteur, à quelle heure dois-je vous attendre?»

«Précisément entre 7h30 et 11h45!»

Ma boutade l'amusait et, à chaque fois, elle me reposait la même question et recevait, par rituel, la même réponse. Tout était rituel dans les visites, de l'accueil dans le salon Louis XV au lavage des mains en passant par le savon de Marseille posé sur un linge bien plié. Et, systématiquement, les mêmes questions:

«Docteur, comment va mon cœur?»

«Stable, heureusement».

«Vous devriez dire « hélas!», quand va-t-il donc s'arrêter? Et ma carotide?»

«Identique.»

«Hélas! quand donc va-t-elle se boucher pour de bon?»

Progressivement, la situation médicale étant stable, c'était surtout les discussions en fin de visite qui avaient le plus de piment pour la patiente et pour moi-même.

«C'est étrange, Docteur, quand je parle avec vous je n'ai plus aucune douleur. Dommage que vous soyez toujours pressé».

Elle aimait me confier les petites intrigues de la maison. Elle avait tendance à râler sur tout: les autorités, les transports, les journaux, la nouvelle génération. Un jour qu'elle était particulièrement négative, je ne sais plus sur quel sujet, je sortis son dossier et ostensiblement pris des notes.

«Que notez-vous, Docteur?»

«Que Mademoiselle Lucie me fait une crise existentielle d'adolescence tardive.»

«Oh merci, je prends ça comme un compliment».

Un matin, je lui rendis visite plus tôt que d'habitude. Fort surprise sur le pas de la porte, confuse, elle me proposa de revenir plus tard, le temps qu'elle mette sa robe du dimanche. Je refusai, trouvant que sa robe de semaine était très bien. Un peu contrariée, elle trouva vite sa revanche. Dans les années 80, j'avais l'habitude de faire mes visites à domicile en veston et cravate. Or, ce jour-là, j'étais en pantalon léger et polo. Pour Mademoiselle Lucie, ce fut sa deuxième surprise matinale.

«Ah! Docteur, aujourd'hui, vous êtes habillé sport».

Décodé, dans son langage, ça voulait dire: «Vous êtes drôlement mal fagoté.»

La fois suivante, plus classique, je la visitai en veston et cravate.

«Docteur, aujourd'hui, vous êtes d'une extrême élégance. Elle aimait les formes et les bonnes manières. Pour preuve, elle me relate un jour que la veille, elle avait reçu la visite de son banquier qui se déplaçait du Chef-lieu. J'imagine que Mademoiselle Lucie avait un modeste compte en banque, mais, que pour faire le point, elle exigeait que son banquier se déplace une fois par année.

«Figurez-vous, Docteur, que mon banquier a pris sa retraite, sans qu'on m'avertisse et que j'ai eu à faire à un jeune employé. Enfin... passons! Je n'ai rien à redire, ce jeune homme était très bien, correctement habillé, courtois. Mais quand je lui ai demandé son nom, il m'a répondu: «Monsieur Coulon» --- «Monsieur Coulon? Impossible, jeune homme. Quand on vient du Chef-lieu avec un nom pareil, on se nomme De Coulon. Un de vos malheureux ancêtres a dû perdre la particule, c'est très fâcheux. Pour moi, vous resterez Monsieur De Coulon».

«Mademoiselle Lucie, modérez votre enthousiasme, bientôt, vous m'appellerez Docteur De ...»

«Aucun risque, désolé pour vous, mais vous aurez toujours un nom d'essence populaire».

Et toc, pas de Docteur De....

Pour ne pas trop accentuer ma réputation de médecin cher, je proposai à la patiente d'espacer les visites. Elle le prit assez mal.

«J'imagine que vous ne pouvez plus rien faire pour moi et à quoi bon contempler ma déchéance? Ma vieillerie vous répugne».

«Quand vous dites ça, Mademoiselle, vous êtes d'une parfaite mauvaise foi, votre petit sourire narquois en témoigne. Vous avez de forts beaux restes mais disons que votre beauté s'est un peu patinée avec le temps. Vous êtes belle comme une vieille bouteille de Sauternes».

«Comme c'est bien dit Docteur, je vais faire semblant d'y croire. Une bouteille de Sauternes, non mais! Au cours de ma vie, on a déjà essayé de me faire passer pour une gourde, mais jamais encore pour une bouteille. Vous parlez comme mon ancien et cher patron».

«Vous aviez beaucoup d'admiration pour votre patron?»

«Plus que ça, ce fut l'amour de ma vie et lui aussi était amoureux, mais ni l'un ni l'autre n'osions en parler».

«C'est donc resté un amour platonique?»

«Que voulez-vous? Il était marié et mal marié. Sa femme ne le méritait pas: superficielle, parvenue, peu cultivée».

«Vous n'avez même jamais échangé un baiser?»

«Non, notre seul échange physique fut une fois dans la pénombre d'un corridor où il m'a pris tendrement par la main.»

Mademoiselle Lucie parlait avec émotion de ces instants, comme du grand frisson de sa vie.

Son esprit resta vif jusqu'au bout, ses remarques pointues et drôles. Par contre, son corps subit les outrages des années, son cœur s'affaiblit, ses genoux cagneux ne la portaient plus et elle perdait souvent l'équilibre. Ne pouvant plus se suffire à elle-même, il fallut se résoudre à un placement dans un home.

«Vous vous rendez compte, moi, chez les vieux? Enfin… passons!»

Et elle… passa! Un matin, on la retrouva muette, morte, une semaine à peine après son entrée dans le home. Pour constater son décès, je mis bien sûr un veston et une cravate.

«On ne badine pas avec l'élégance, Mademoiselle Lucie!»

Elle reposait dans sa robe du dimanche, un petit rictus au coin de la bouche. En rédigeant le certificat de décès, j'échangeai quelques mots avec l'infirmière. Elle me dit qu'elle ne l'avait connue qu'une semaine, mais qu'elle avait eu de longues confidences avec elle. Mademoiselle Lucie lui avoua qu'elle était un peu amoureuse de son médecin, mais que, vu son âge, l'épouse du Docteur n'avait rien à craindre.

Attendri par cette confidence, je me remémorai les visites à domicile. À chaque fois que je contrôlais sa pression artérielle, elle avait l'habitude de me prendre par la taille, prétextant une douleur d'épaule et devant s'accrocher. Moi, je faisais semblant d'y croire!

C'était l'histoire de Mademoiselle Lucie à qui j'avais demandé l'autorisation de raconter nos conversations si un jour j'écrivais mes mémoires.

Que ce témoignage soit un encouragement pour mes jeunes collègues, malgré les turpitudes administratives de plus en plus lourdes, à continuer de savourer dans leur travail les contacts tellement enrichissants avec leurs patients.

Analyse d'expert

Certains patients nous amènent à «transgresser» le cadre de consultation habituel: visites à domicile non essentielles, conversations sociales…. Le jeu du transfert et du contre-transfert, réactions inconscientes de part et d'autre, nourrit de telles relations, parfois pour le meilleur, parfois pour le pire...

Des mots de tendresse

Yvon MORRISSETTE

Quand j'examinais un jeune enfant au microscope opératoire (certains faisaient cet examen en position assise), je préférais que le sujet soit couché. Je m'efforçais toujours de le détendre par des mots gentils, car c'est tout de même assez délicat ce genre d'intervention: «mon p'tit lapin», «mon p'tit ange», «ma belle p'tite fleur», «Docteur va pas te faire mal», et ainsi de suite.

Un jour, une mère se présente avec sa petite fille, Manon. Je l'examine non sans avoir fait pleuvoir sur elle plein de mots doux: «T'es don' bien belle!», «T'as don' un beau nom, Manon!», «Vas-tu laisser le Docteur regarder dans ta p'tite oreille pour voir s'il y a un p'tit bobo?» Plusieurs années plus tard, Manon est revenue me voir avec son propre enfant.

«Me reconnaissez-vous, Docteur?», me dit-elle en me rappelant les circonstances de notre rencontre qui datait d'une bonne quinzaine d'années. «Malheureusement, Madame, après toutes ces années, je n'arrive pas à me souvenir: vous étiez toute petite et je vois tellement de patients!»

Et elle de répondre: «Moi, je vous aurais reconnu n'importe où. Quand j'ai appris que je devais déménager de la ville avec mes parents, j'ai compris que je ne vous reverrais plus. J'en ai pleuré pendant trois semaines. Vous savez, Docteur, les seules paroles de tendresse que j'ai eues pendant mon enfance, c'est vous qui me les avez adressées».

Je n'ai plus jamais revu Manon, mais j'ai souvent repensé à elle. À chaque fois, les larmes me montent aux yeux.

Analyse d'expert

Un enfant carencé est très sensible aux paroles et aux gestes posés à son endroit.
Le médecin joue un rôle très important auprès des gens en difficulté et une parole, un bon geste peuvent changer leur vie.

Une jeune femme stoïque

René-Michel TREMBLAY

> «Qui apprendrait aux hommes à mourir, leur apprendrait à vivre».
>
> Hippocrate, Aphorismes (sect. 1, no 1)
> Montaigne, Essais, I, 20

> «Moi, si j'avais le choix, je deviendrais docteur. Y a pas plus beau métier que panser les blessures le plus souvent du corps, mais quelques fois du cœur
> Et peut-être guérir même si ce n'est jamais sûr».
>
> Sylvain Lelièvre (1943-2002)

C'est un processus qui pourrait s'avérer difficile de revenir sur plus de trente ans de pratique de la gastro-entérologie quand on vous demande d'identifier l'événement qui vous a le plus marqué ou qui, plus ou moins consciemment, vous a bouleversé, demeurant latent jusqu'à ce que la question vous soit posée. Il est pourtant un tel événement qui est rapidement et assez spontanément remonté à la surface de ma mémoire.

Comme pour tout médecin, chaque jour compte son lot de peine et de joie. Peine d'annoncer au patient qu'il connaît maintenant son échéancier de vie ou qu'il souffre d'une maladie qui deviendra chronique et débilitante, et par ailleurs, joie d'annoncer que la maladie appréhendée pourra finalement donner lieu à une guérison complète ou celle de rassurer un patient en l'informant que ses inquiétudes, exagérées, sont sans fondement. Si le médecin est témoin des joies et des désarrois de son patient, qu'en est-il de lui-même? Vit-il les mêmes affres, les mêmes angoisses, les mêmes joies? Doit-il les vivre? Certes, non, car si l'empathie est primordiale, épouser le destin de son patient peut devenir extrêmement douloureux.

Cela m'amène au souvenir d'une jeune femme de vingt ans que j'ai vue en salle d'urgence il y a quelques années.

On me demande de voir cette patiente pour douleur abdominale. Aux dires de la patiente, le mal est présent depuis quelques semaines et s'accompagne de nausées et de perte d'appétit. La consultation du dossier montre des anomalies de la fonction du foie. Considérant l'âge de la patiente, une hépatite virale est à considérer. A première vue, j'envisage donc un cas plutôt routinier.

Je vois alors une jeune femme d'allure un peu «punk». Elle est étudiante en arts, dit-elle. Elle est jolie, mais pâle et un peu amaigrie. Son copain, inquiet, l'accompagne. Le questionnaire est peu démonstratif, la patiente ne faisant usage d'aucune drogue ni de substance illicite. Elle n'a pas d'histoire de consommation d'alcool ni de contact infectieux.

À l'examen, je suis surpris de palper un foie nettement augmenté de volume et très ferme. D'emblée, mes hypothèses diagnostiques de départ sont mises en réserve et malgré le jeune âge de la patiente, je soupçonne un désordre majeur de type tumoral.

Après divers examens non concluants, je suggère à la patiente une biopsie du foie afin de déterminer un diagnostic précis et un traitement conséquent.

Le pire est confirmé, il s'agit d'une tumeur primaire du foie appelée «fibrolamellaire». Le bilan d'extension ne permet pas d'offrir une transplantation hépatique. Seule une chimiothérapie palliative est envisageable.

Pendant toutes les démarches d'investigation, cette jeune femme est demeurée affable et coopérative. Entendant le diagnostic tant redouté, elle n'a marqué aucune surprise, demeurant stoïque comme si tout avait été prévu et déjà accepté. C'est dans cet esprit qu'elle a décliné toute chimiothérapie, son désir étant de retourner à la maison avec quelques analgésiques. Son pronostic étant pourtant très réservé, elle n'a même pas demandé à savoir combien de temps elle pourrait vivre ainsi.

Je n'ai jamais revu cette patiente. Mais un jour, sa mère est venue me voir pour m'annoncer que sa fille était décédée sereinement, entourée de ses amis et de son compagnon éprouvé.

Après tant d'années, son souvenir me revient sans cesse. Pourquoi? Comment une jeune adulte au début de sa vie, ne souffrant d'aucune maladie chronique annonçant l'échéance de sa vie, a-t-elle pu se résigner, ne pas se révolter? Accepter ce qui apparaissait comme une injustice.

J'ai vu tant de malades se rebeller, crier à l'injustice, se culpabiliser, ou s'emporter contre moi; d'autres se réfugier dans la prière ou rechercher un traitement exotique qui pourrait les guérir.

Cette jeune femme a réussi ce que peu de patients arrivent à réaliser, lors même qu'ils ont un vécu plus long que le sien: sublimer la maladie et accepter le terme de sa vie trop brève. Cette sérénité demeurera toujours pour moi un insondable mystère.

Analyse d'expert

La maturité, la résilience de certains patients devant une maladie incurable et la mort prochaine nous étonne parfois, nous confrontant à notre propre conception et notre cheminement personnel devant ces éventualités.
Dans un processus d'identification à la souffrance du patient, l'empathie franchit parfois la frontière de la sympathie.
Les émotions peuvent alors s'intensifier et la colère, la révolte que nous croyions devoir être ressenties par le patient peuvent devenir les nôtres.

La leucémie du vendredi…

Robert DELAGE

C'est connu, on travaille fort et même si on aime son travail, on se plaint, on râle, tout le temps.
Trop de travail, mauvaise organisation, pas de support, bref, on se plaint sans cesse.

Moi aussi, j'adore mon travail et je me plains.
C'est probablement pire lorsque je suis de garde. Et notre garde commence le vendredi soir, pour une semaine. Ça peut paraître long, mais j'ai tort de me plaindre. Je fais partie d'un grand groupe et les gardes ne reviennent pas trop souvent.

Je me souviens d'un vendredi où ma garde débutait.
Grosse semaine que j'avais eue. Aucune envie d'être de garde!

Vous en connaissez, vous, des médecins heureux d'être de garde?

Bon, je n'ai qu'à espérer que la garde soit tranquille.

Dès 17.45, ça sonne. Je suis toujours à l'hôpital: je vous l'ai dit, j'ai eu une grosse semaine. L'urgence. J'espère que c'est vraiment urgent: ça ne l'est pas toujours.

Je téléphone: patient plein de bleus, formule sanguine très anormale… Ça risque d'être long.

Soupir, c'est toujours sur moi que ça tombe. Je finis mon travail en accéléré, probablement en râlant, je ne m'en souviens plus.

18:00, je vais à l'urgence. Pas jojo du tout! Formule sanguine remplie de cellules leucémiques, problèmes de coagulation. Ça va effectivement être long.

Faut que je téléphone à la maison. Oubliez-moi, relaxez, moi, je suis de garde et j'ai ma leucémie du vendredi soir.

Je téléphone. Ma femme répond. Belle humeur: c'est normal, c'est vendredi, une fin de semaine de congé à l'horizon.

«Es-tu sur la route?» qu'elle me demande? Mauvaise question.

Je garde mon calme, mais je bouille et ça s'entend. Je lui dis que non, je ne suis pas en route, que je suis pris à l'urgence avec ma leucémie nouvelle du vendredi soir, que j'en ai pour plusieurs heures, que je ne sais pas à quelle heure je pourrai rentrer, manger, que je suis déjà fatigué après seulement une heure de garde sur une semaine. Bref, les astres sont contre moi. J'en ai probablement dit beaucoup plus. Elle m'écoutait patiemment.

À la fin de ma litanie anti-garde et de mes lamentations sur ma pauvre condition de travailleur exploité, elle me répond calmement:

«Faut pas te plaindre, c'est pas toi qui l'a, la leucémie…»

Depuis cet épisode, je crois que je me plains moins souvent. Et j'apprécie plus… la vie.

Analyse d'expert

Fatigue, pression, frustrations du quotidien affectent le médecin comme toute autre personne et peuvent affecter ses perceptions et générer un sentiment d'impuissance.

De saines relations interpersonnelles sont essentielles et aident à garder le sens des proportions…

Vive la Police!

Yvon MORRISSETTE

Un bel après-midi d'été, je m'occupais de mes fleurs sur la rue De la Promenade à Sainte-Foy à Québec lorsque je reçois un appel du docteur David Jacob, pédiatre très réputé à l'Hôpital St-François d'Assise et dans toute la région: «Morrissette, viens vite, ça presse!».

Je saute dans ma voiture, brûle deux feux de circulation, emprunte le boulevard Henri IV, puis le boulevard de la Capitale, dépasse une voiture de police qui me prend en chasse.

J'arrive dans la cour de l'Hôpital, je lance mon portefeuille avec mes enregistrements au policier en lui criant: «J'ai pas l'temps, j'ai pas l'temps!». Et me voilà à la course avec le policier à mes trousses. Je grimpe deux escaliers vers la pédiatrie. J'arrive quelques secondes derrière un anesthésiste qu'on avait baptisé «Grand galop» parce qu'il marchait toujours à grandes enjambées.

Nous arrivons tous les deux devant un enfant de cinq ans dans une tente d'oxygène, cyanosé, bleu. Nous le sortons rapidement du lit sans nous occuper des solutés et nous nous lançons dans une course folle dans les corridors vers le bloc opératoire. Le policier suit toujours.

Nous entrons dans ma salle d'opération et je réussis à intuber l'enfant. Il avait une épiglottite aigüe en voie d'abcédation. À l'époque, le tube endo-trachéal était trop rigide pour une ventilation prolongée et pouvait causer des sténoses trachéales extrêmement difficiles à corriger.

J'ai donc procédé à une trachéotomie* et suis resté avec mes collègues le temps que les choses se placent.

J'ai quitté l'Hôpital. Le policier m'attendait au vestiaire des médecins du bloc opératoire. Il s'est informé de l'état de santé de l'enfant. Je me suis excusé. Il s'est excusé. Nous avons quitté l'Hôpital en bons termes.

Quant à l'enfant, il quittait l'Hôpital dix jours plus tard sans autre séquelle qu'une petite cicatrice à la base du cou.

Analyse d'expert

Sauver une vie: la priorité du médecin.
Beau consensus de société!

---

* Une trachéotomie est un geste qui se fait en situation d'extrême urgence (en cas d'asphyxie). Il consiste à faire un trou à travers la trachée permettant au malade de respirer. Ce geste héroïque reste un mythe dans la tête de tout médecin qui a la chance de pouvoir offrir des soins de premier secours...

L'enfant dans le sable

Pierre LAURENT

C'était le soir, vers 21h30, le soleil était couché depuis peu de temps et la chaleur, encore très présente sur le sable et les murs de l'infirmerie. J'étais en poste de coopérant pour quatre mois dans cette zone désertique du nord du Tchad, le désert du Tibesti.

Cette région du globe est très aride. La température durant l'été y atteint régulièrement 50 à 55°C le jour et s'abaisse à 35°C la nuit. La ville dans laquelle je me trouvais s'appelle «Faya-Largeau», située à un peu plus de 500 km de la frontière avec la Libye. Il s'agit en fait d'une palmeraie sise en plein désert où l'eau abonde par le sol. C'est une eau rouge, riche en fer et en minéraux, qui se répand à même le sol et offre ainsi à cette palmeraie la possibilité de pratiquer les cultures si essentielles à la vie dans cette région du globe. Cet endroit est paradisiaque, sorti de nulle part en plein milieu de ce désert immense.

Et pourtant, la vie est si précaire à Faya-Largeau .... Il n'y a ni électricité, ni réseau téléphonique, ni route et surtout pas d'hôpital alors que dix mille âmes y vivent. Les maisons se réduisent souvent à quatre murs, montés à la hâte, et ne possèdent généralement pas de toit. Seuls les notables ou les personnes ayant un peu de fortune possèdent des maisons bâties «en dur» avec du mobilier. La présence d'hommes lourdement armés stationnés devant ces maisons les rend encore plus remarquables dans cet environnement de murs de torchis et de sable.

Les rebelles ne sont jamais très loin dans le désert, prêts à engager une offensive vers N'Djaména, la capitale. La mort rôde partout et l'espérance de vie d'un homme est de trente-huit ans alors que celle de la femme est de quarante ans en moyenne. Chacun cherche à survivre et l'activité principale consiste à trouver de la nourriture chaque jour. Car sans une nourriture suffisante, les chances de survie dans ce milieu austère sont assez minces.

Ceci étant, les enfants sont joyeux, courent, et souvent un pneu hors d'usage leur suffit pour s'amuser. Physiquement, les habitants de Faya-Largeau sont minces, élancés, leur peau est mate comme pour signifier la transition entre la mer Méditerranée et l'Afrique équatoriale. Les hommes sont de bons guerriers et, le plus souvent, ce sont les femmes qui s'activent pour subvenir aux besoins en nourriture et en eau de leur famille.

Il n'y a pas de paludisme dans cette région, mais la mortalité est élevée à Faya-Largeau. Pourtant, on n'y trouve pas de cimetière. En fait, c'est le sable du désert qui sert de sépulcre. Sur le sable où des fragments d'os sont visibles, parfois entre deux carcasses calcinées de chars libyens datant des guerres des années 80-90. Sous le sable reposent les corps des personnes décédées depuis parfois très longtemps, aussi les corps d'enfants...

La vie est précaire à Faya-Largeau. L'histoire suivante en est une triste illustration:

Kologo, garçon de quatre ans, veut aller jouer avec ces copains avant de se coucher. Il enfile tout bonnement une chaussure. Oh! Malheur: un scorpion y avait élu domicile, bien au frais et à l'humidité. Ce petit animal est mortel dans cette région du globe, ce qui n'est pas le cas pour tous les scorpions répandus sur la surface de la terre. Au Tchad, les enfants sont nombreux parmi les 80 à 100 morts qui surviennent chaque année à Faya-Largeau, par piqûre de scorpion.

Le petit garçon a donc été piqué par cette bestiole que sa mère m'amènera écrasée. Sa maman sait que je dispose de nombreux médicaments et d'une pierre «anti poison», la pierre noire, que j'avais commandée en Belgique par la poste avant mon départ de France. La pose de cette pierre sur la zone de la piqûre était censée faire disparaître très rapidement la substance toxique injectée par l'insecte.

Environ trente minutes après l'événement, elle vient donc à l'infirmerie, à pied, accompagnée d'une amie, son enfant gémissant dans ses bras. Le petit Kologo est pâle, désorienté, amorphe et présente un tremblement. J'installe Kologo sur la table d'examen et applique rapidement la «pierre noire» sur la zone de piqûre. Il faut aller vite, car Kologo est moins conscient; il présente des tremblements de plus en plus importants et sa pression artérielle est basse. Sa température est très élevée, mesurée à 40°C, sa fréquence cardiaque rapide à 150 battements par minute. L'auscultation des poumons révèle l'existence de «râles crépitants», caractéristiques de la présence d'eau dans les alvéoles pulmonaires. Il n'a pas uriné et son sexe est en priapisme. Son tableau clinique est grave d'emblée, car ce petit garçon est en état de choc et présente un œdème pulmonaire et une atteinte neurologique liée à la toxine libérée par le poison injecté par le scorpion.

Il tremble, ses veines sont petites, j'ai des difficultés à le perfuser. Ouf! j'y arrive enfin. Je place une voie veineuse, puis une deuxième sur l'autre bras, de manière à ce que les produits que je vais injecter ne se retrouvent pas mélangés. Je place un garde veine des deux côtés, à base de solution glucosée, puis je commence à choisir les ampoules de médicaments que je vais utiliser en premier. J'ai du mal à m'organiser. Je suis seul et même si ma pharmacie n'est qu'à cinq mètres dans mon infirmerie, je dois faire des allées et venues. Je demande à sa maman et son amie de m'aider un peu, pour éviter que Kologo ne tombe par terre ou encore pour jeter à la poubelle les ampoules vides et les compresses. Après avoir injecté un anti-pyrétique, pour éviter la fièvre, et un diurétique visant à évacuer l'eau que Kologo a dans les poumons, je m'attaque très rapidement au traitement même du choc en injectant de l'adrénaline.

Environ trente minutes après la prise en charge de l'enfant, je refais le point: la fièvre a diminué à 39°C, son pouls est à 140 battements par minute et l'auscultation pulmonaire montre une nette diminution d'eau dans les alvéoles. Néanmoins, je reste inquiet car deux signes cliniques sont préoccupants: d'une part, Kologo est toujours inconscient et présente des tremblements, mais surtout il reste en priapisme et n'a pas uriné. Je conclus à une atteinte sévère des systèmes neurologique et rénal. Malheureusement, je ne dispose pas de laboratoire d'analyse, mais uniquement d'un microscope muni de lames. Je pourrais bien faire une numération formule de son sang, et ainsi connaître le taux de globules blancs et rouges, mais je ne peux pas avoir deux activités en même temps. De plus, le résultat de cet examen sanguin ne serait pas forcément très pertinent pour la prise en charge médicale de Kologo.

Quelqu'un frappe à la porte et je demande à sa maman de bien vouloir ouvrir. La porte s'ouvre et je vois apparaître le papa accompagné de quatre enfants, deux garçons et deux filles, âgés de deux à dix ans environ. Je ne souhaite pas que les enfants entrent, car j'ai un très mauvais pressentiment. Naturellement, l'amie de la maman de Kologo se propose pour garder les enfants à l'extérieur et je demande donc au papa de nous rejoindre

Tout d'un coup, l'électrocardiogramme que j'avais mis en place s'emballe. Le petit Kologo est toujours inconscient et fait à présent une tachycardie ventriculaire (ce qui est une forme de trouble du rythme très sévère et souvent mortelle). Je me précipite vers mon défibrillateur. Les parents sont en pleurs, nerveux, paniqués. Je place les palettes sur le petit thorax de Kologo dont l'arythmie s'est dégradée en fibrillation ventriculaire (cette forme de trouble du rythme est encore pire que la précédente!). Un, deux puis trois chocs électriques ne feront pas repartir le cœur de Kologo.

Je commence alors une réanimation conventionnelle en pratiquant un massage cardiaque externe et en ventilant les poumons de Kologo avec un masque. Je sue énormément, il fait terriblement chaud, et j'ignore ce qui se passe à coté de moi.

Soudain, je sens une main se poser sur mon épaule. C'est celle de la maman. Je me redresse et vois cette femme d'environ vingt-cinq ans, les yeux rouges pleins de larmes qui me dit: «Docteur, c'est la volonté de Dieu. Il est mort. Espérons que Dieu nous donnera un jour un fils aussi gentil que lui».

Je suis tétanisé. Le corps de l'enfant repose mort dans mon dos et les parents face à moi sont là, vivants et fatalistes.

J'ai alors écarté tout le matériel qui était disposé autour du corps de Kologo, enlevé les perfusions et l'électrocardiogramme. La défaite!

Moi aussi, j'avais les larmes aux yeux lorsque je suis sorti vers 22h45 pour respirer un peu d'air «moins malade». Là, dans cette cour envahie par le sable où les arbres et l'herbe n'existent pas, je me suis senti envahi par le désert. Un drôle de sentiment, être envahi par «rien»!...

Je croise le regard de ses frères et sœurs qui se mettent à pleurer, et je ne sais pas quoi leur dire. Je respire un grand coup, l'air étant de plus en plus chaud et étouffant. Le ciel est dégagé, les étoiles scintillent et je me plais à croire que, ce soir-là, une étoile de plus est née dans le ciel. Car je sais que demain, le corps de Kologo sera donné en offrande aux sables du désert, qui auront finalement eu raison de cet enfant, fatalement atteint par une petite bête d'une longueur d'environ 10 cm.

Analyse d'expert

Sentiment d'impuissance du médecin en manque de moyens techniques pour sauver un jeune enfant, mais rencontre humaine exceptionnelle avec des parents résilients, capables d'accepter la vie avec ses joies immenses et ses limites parfois cruelles.

Le Patriarche

Redouane BOUALI

Cette histoire inoubliable se passe dans le service des soins intensifs de l'Hôpital St. Michael's de Toronto.
Plus je deviens vieux, plus je m'intéresse à des phénomènes «moins bien palpables», comme par exemple la mort. Probablement parce que la distance entre elle et moi se raccourcit chaque année.

Les hôpitaux universitaires accueillent souvent des patients avec des maladies complexes. Ces patients sont vulnérables et leur chemin à parcourir jusqu'à la «grande porte» devient toujours plus court, pénible et plus caillouteux.

Les humains sont fascinants dans ces moments-là. Ils sont comme «démaquillés». Plus besoin de jouer l'acteur. Il suffit d'être «patient» et «patient». Nous avons le privilège de pouvoir les accompagner durant leurs derniers instants, leur dernier souffle de vie sur cette terre. Je me nourris de ces instants. Tout douloureux soient-ils, ce sont pour moi les plus beaux moments de mon travail, tant je m'enrichis des patients et des membres de leurs familles. Ils sont ouverts, ils se confient, ils ouvrent leur cœur comme si c'était le livre de leur vie. Quand on écoute leurs histoires, on a le sentiment de partager avec eux leur long périple, tel celui de cette famille qui, dans les années cinquante, a quitté la Grèce pour reconstruire toute une vie à Toronto. En ces derniers instants de l'être cher, on vous invite à participer au crépuscule de cette aventure familiale.

Toronto est une ville multiculturelle. Nous passons du pauvre refugié Tamoul à l'Indien du Gujarat, en passant par l'Espagnol venu en famille de Valence chercher du travail dans les débuts des années soixante ou par le Juif séfarade Nord-Africain qui a quitté Marrakech après l'indépendance du Maroc en 1956. Je m'assieds parfois avec ma fille Sarah Nour, surtout quand elle me demande pourquoi je rentre si tard, et j'essaie de lui faire tâter du doigt le bonheur que j'éprouve à être proche de ces pauvres patients mourants, entourés de leur familles.

Un soir d'automne, ma palette de longues expériences multiculturelles a été enrichie par une couleur dont j'ignorais l'existence. J'avoue avoir été complètement désemparé.

Ce soir-là, nous recevons un grand-papa chinois, appelé Monsieur W. Il est âgé de 83 ans. Il souffre d'une pneumonie assez sévère, d'une leucémie, d'un diabète et d'une hypertension artérielle. Le pauvre Monsieur W. est tellement épuisé par la vie! On voit sur son visage des traces profondes de souffrances physiques et morales. Originaire du sud-ouest de la Chine, il habite Toronto depuis quelques années. Il y a rejoint sa fille aînée depuis qu'il a perdu sa femme. Ce pauvre grand-papa est tellement malade le jour où je le reçois aux urgences qu'il ne résiste même plus au tube que nous devons lui passer à travers la bouche afin de pouvoir assister sa respiration par un ventilateur.

Notre grand-papa est tellement malade que je n'ai aucun doute sur l'issue finale, qui paraît d'ailleurs très proche. Dans de telles situations complexes, nous procédons d'après nos protocoles, permettant une approche «sur mesure», sachant que cette fameuse «mesure» fait plus souvent partie du monde émotionnel que cartésien.

Je rencontre alors la famille. En général, quand nous avons une évaluation assez exacte de la situation médicale, et surtout si nous avons l'impression que l'issue sera fatale, nous essayons de préparer la famille en la confrontant à la réalité et ceci avec beaucoup d'empathie, de respect et d'écoute. Cette étape est cruciale, car elle nous permet de prendre connaissance de notre malade à travers sa famille, puisque souvent, nos patients sont trop endormis et ne peuvent pas nous transmettre leurs pensées, désirs et aussi leurs non-désirs.....

Certaines familles sont prêtes et sont presque soulagées à l'annonce que la fin est proche, d'autres affichent un masque de déni imperméable. La réaction varie selon l'origine ethnique et culturelle du patient, et nous avons appris à nous adapter et à comprendre la philosophie qui anime le groupe familial qui est en face de nous.

Échanger avec les familles dans ces cas-là peut être difficile, car en plus de la différence de culture, il y a la barrière linguistique. Souvent la deuxième ou troisième génération d'enfants complétement intégrés joue le rôle d'interprète.

En l'occurrence, c'est la petite-fille de Monsieur W qui m'aide à communiquer avec tout le monde. Sa maman est la fille de Monsieur W et est l'aînée d'une famille nombreuse dont certains membres vivent encore en Chine.

Rapidement, la condition de Monsieur W se détériore. Les traitements puissants deviennent de moins en moins efficaces et les murs de la petite chambre de notre grand-papa commencent à s'imbiber d'une odeur de souffrance physique et psychique. En général, une telle évolution entraîne la décision d'accompagner le patient dans ses derniers moments par un traitement dit «de confort» et à laisser la nature suivre son cours en évitant les souffrances inutiles.

Du coup, une nouvelle dimension de difficulté nous montre son visage. La famille de notre grand-papa est très éparpillée: certains vivent dans l'Ouest canadien, d'autres habitent en Chine, dont le fils aîné de Monsieur W. C'est à ce moment-là que la petite fille (traductrice) m'explique que **rien ne peut se décider en l'absence de ce fils aîné qui habite en Chine, une sorte de «Patriarche»**.

Je savais que je n'avais d'autre choix que de me plier à cette exigence familiale. «Vive la patience», me suis-je dit, car ce n'est pas forcément le point fort d'un intensiviste comme moi, qui a l'habitude et le devoir de prendre des décisions généralement en quelques secondes.....

Nous utilisons ce temps pour écrire une lettre aux autorités canadiennes en Chine afin de faciliter l'obtention du visa touristique.

Une semaine (!) plus tard, le grand jour arrive. Vers 20h, l'infirmière m'appelle pour m'informer que toute la famille est là, même le frère aîné venu de Chine. Étant de garde, je remonte de la cafétéria avec la moitié de mon sempiternel sandwich au roast-beef avec une feuille de salade molle dans la bouche....

Avant d'entrer dans la grande pièce de rencontre, on se met d'accord avec l'infirmière de service sur notre appréciation-globale de la situation du grand-papa et de la conduite thérapeutique. Pour nous, il est évident que l'état du grand-papa se péjore malgré un traitement maximal. La proposition d'offrir les soins de confort et de le laisser s'en aller dignement nous paraît adéquate au lieu de s'acharner à le maintenir en vie coûte que coûte.

Je me suis alors très bien préparé pour cette rencontre attendue depuis si longtemps....mais pas à ce que j'allais vivre! Je peux enfin avoir une discussion avec la famille et tenter de les persuader de laisser mourir ce pauvre grand-papa.

J'entre dans la salle. La petite traductrice est assise à côté d'un homme qui est sans doute son oncle. À côté, le fils aîné qui venait tout juste d'arriver de Chine, un monsieur sombre et imposant, l'air fatigué. Son regard vitreux, pénétrant, était aussi profond que concentré. Une chose était claire, son fils, «Le Patriarche» que nous attendions impatiemment, prendra LA décision. Oui, «Le Patriarche».

Nous commençons notre discussion par un tour de table. J'expose alors en termes simples la condition médicale de Monsieur W. J'y mets tout mon cœur et ma force de persuasion. Je conclus en fixant le fils aîné et en retenant mon souffle pendant que la petite traductrice tente de reproduire ma prière: «Laissez partir votre pauvre papa! Laissez-le mourir dignement!»

Mon discours est suivi d'un long silence.

Tous se demandent ce que «Le patriarche» fraîchement arrivé de Chine va décider. Oh...!, quelle surprise! Ce n'est pas lui qui parle le premier. C'est le beau-frère qui prenait soin de son grand-papa depuis son arrivée de Chine qui essaie tant bien que mal de dire quelque chose....., mais un regard noir, quasi menaçant du «Patriarche» lui fait vite comprendre qu'il ne lui revient pas de s'exprimer sur des choses aussi graves.

À nouveau le silence reprend immédiatement sa place! Enfin, «Le Patriarche» ouvre la bouche. Il reconnaît qu'effectivement, son père n'a pas bonne mine et qu'il croit, lui aussi, que son heure est proche. A ma grande surprise, il serait d'accord pour qu'on arrête les soins et que l'on procède à une mise en route de soins de confort pour accompagner Monsieur W dans ses dernières heures. La décision rendue par «Le Patriarche» de la famille me réjouit vraiment. «Somme toute, me disais-je, ça n'a pas été si difficile». J'allais rapidement donner les informations sur ce qui allait suivre, quand soudainement le fils aîné demande d'ajouter quelque chose.

Par la voix soumise, mais ferme de notre jeune traductrice, il précise qu'il donne son accord sous condition d'être autorisé à filmer le moment où j'arrête la machine qui permet de garder son grand-papa en vie.

J'avoue que je ne m'attendais pas à une telle demande. À vrai dire, elle m'a décontenancé. Je ne savais quoi répondre. Après quelques secondes d'hésitation, je lui dis que la chose serait peut-être possible, mais que je devais en parler à mes collaborateurs.

J'appelle alors le patron de garde qui connaissait très bien mon patient et aussi son état. Je lui explique l'histoire en détail et lui fait part de la demande de la famille. Après un moment, le patron me dit: «Ma foi! Pourquoi pas?»

Nous avons tous un doute sur le motif de cette demande plutôt insolite. Pourquoi cette famille veut-elle à tout prix filmer les derniers instants de la vie du grand-père?

Le moment est venu. Nous avons procédé à notre acte médical en milieu de soirée. Ce fut un moment très difficile, fort, touchant, lourd avec un côté mystique inhabituel, en précisant que le son de la caméra dans mon dos n'était pas forcément très encourageant ni confortant. En tournant le bouton de la dite machine sur «off», mes réflexions étaient tout de même passablement mêlées (pour pas dire plus ...). Je ne savais pas trop quoi penser de cet étrange cinéma, et pendant plusieurs jours, voire quelques semaines, cette question me hantait...

Notre vieux grand-père s'est éteint dans la plus grande sérénité. Aucun élément de lutte contre la mort ou pour la vie n'était perceptible sur son visage au moment qu'il a quitté ce monde cartésien.

Et tous ces moments ont été immortalisés dans une cassette VHS.

Un matin, dans les corridors du St. Michael's où elle savait pouvoir me rencontrer, m'attendait la petit nièce traductrice, témoin des moments difficiles de la mort de son grand-père. En fait, elle était là pour me porter un message de toute la famille.

D'abord, elle tenait à me remercier pour les bons soins et elle voulait également remercier toutes les équipes qui s'étaient occupées de son grand-père.

Enfin, sans doute consciente de ma perplexité, elle me dit: «Vous savez, Docteur, nous, nous croyons en la réincarnation. Alors nous voulions garder une preuve du processus qui a amené la mort de mon grand-père et surtout du fait que la décision d'arrêt de soins auquel nous avons consenti faisait suite à la demande du médecin, basée sur sa condition médicale. Par conséquent, il ne pourra jamais nous reprocher de l'avoir fait mourir... »

J'étais sans voix... Je l'ai remerciée à plusieurs reprises.

Depuis, je n'ai jamais oublié cette histoire, et je crois que j'ai surtout réalisé la chance que nous avons de côtoyer tant de croyances et cultures si différentes.

J'ai compris que si nous restions ouverts, nous nous enrichirions quotidiennement au contact d'une telle diversité, comme ça a été mon cas depuis que travaille dans ce monde entre la vie et la mort.

Analyse d'expert

Le multiculturalisme dans les soins: un défi, une opportunité d'échange, pourvu que l'on sache rester ouvert et empathique!

En première page

Claude-François ROBERT

C'est un samedi matin, début d'un week-end de garde. Il fait déjà chaud et je viens de régler le problème d'une otite chez une fillette. Le beeper vibre dans ma poche. Au téléphone, le policier me parle d'un jeune homme en crise qui aurait menacé son amie avec un couteau: «Il est fou de rage». Je démarre en trombe vers un immeuble sis à la sortie de la ville. Eviter de penser, surtout ne pas fantasmer, attendre d'être confronté aux faits. Devant l'entrée, une fourgonnette de la police est à l'arrêt, feux bleus clignotants: de l'otite à la série TV. Premier étage, les portes vis- à-vis sont ouvertes. Sur le palier, une fillette cramponnée aux jupes d'une dame qui scrute la cage d'escalier. Un agent surgit de l'appartement de droite:

> «C'est vous le toubib? ... Un jeune homme de dix-sept ans, juste encore mineur, dénommé Patrick V., s'est disputé avec sa copine. Il avait un couteau. Il a aussi démoli la porte de la salle de bain et la moitié de l'appartement. Nous l'avons placé sous contrainte, mais il reste très agité... Il faudra le faire interner.»

L'interner, voilà! Je ne suis que le gars qui permet l'internement des agités du ciboulot. Le type une fois interné, tout retournera au calme. Titre du journal: «Mesure de contrainte abusive, le toubib dérape».

Je demande à la dame du palier si elle connaît ses voisins.

> «Non pas vraiment. Il y a cette jeune femme qui habite ici. Ce matin, j'ai appelé la police. Son copain a démoli le mur. Il hurlait comme un fou. Cela doit faire un mois qu'il s'est installé chez elle».

Je franchis le seuil à petits pas, sur la défensive. Dans le salon, un gars, blond, maigre avec une dégaine d'adolescent, est adossé à la fenêtre, accroupi et perché en équilibre sur le radiateur comme un moineau sur sa branche. Deux agents l'observent à distance, l'air sévère, les bras croisés. Lui a les mains menottées derrière le dos. Il me voit et m'interpelle: «Des salauds... Ils m'ont frappé, tordu le bras quand j'étais à terre. Je leur avais déjà donné le couteau.» Il se retourne, appuie son front contre la vitre: «Si vous approchez, je pète la fenêtre et je me fous en bas...»

Que faire? Prescrire l'usage de la force en prenant le risque d'un sursaut destructeur qui l'enverrait s'écraser sur le trottoir? J'avance d'un pas et la tension monte. Il saute à terre, oscille comme une quille de bowling, se rétablit, s'approche du téléviseur et prétend le faire éclater avec sa tête, puis menace de mordre dans une prise électrique sous tension. Je n'aurais qu'un ordre à donner pour déclencher la corrida. Trois flics contre un petit gars menotté, mais enragé ... J'anticipe les titres des journaux:

> «Un mineur frappé à terre sur ordre du médecin de garde».

J'opte pour la négociation et visualise d'autres titres de journaux:

> «Le médecin refuse l'aide de la police et le forcené se défenestre».

Je demande aux agents de sortir, leur suggérant à mi-mots et force clins d'œil de ne pas s'éloigner de la porte au cas où l'autre deviendrait trop menaçant.

«Je veux fumer une clope, enlevez-moi les menottes!»

J'essaye de bien analyser la situation, d'éviter le geste menaçant, de dévoiler ma peur. Il doit sentir que je ne suis pas à l'aise, que je reste indécis. Dans ma tête, je me fixe un objectif: qu'il accepte d'être transféré au poste de police et d'y voir un psychiatre.

> «Patrick, je comprends que tu sois énervé. Je suis le médecin de garde. J'aimerais comprendre ce qui se passe. J'arrive ici et je constate que les agents ont dû te passer les menottes. Explique-moi pourquoi on en est arrivé là. Sache que je suis soumis au secret professionnel. Tout ce que tu me diras va rester entre nous, à moins que tu n'en décides autrement ...»

Il se cabre, se rétracte comme s'il cherchait à s'enfoncer dans le divan. Je démarre mon petit numéro: empathique, mais ferme, souriant, mais pas narquois, attentif, tout en gardant de la distance. Je décline mon paraître, je me la joue dans tous les registres, attentif à ses réactions, cherchant la faille.

«Enlevez-moi les menottes ... Salauds de flics!»

«O.K., Patrick. Je ne suis pas rassuré, tu me comprends. Mais je suis d'accord qu'ils t'enlèvent les menottes dans le dos et qu'ils te les mettent devant pour que tu puisses fumer une cigarette.»

A ma grande surprise, il accepte le marché. J'appelle les flics qui procèdent à l'échange de menottes, cliquetis, et le voilà les mains vissées comme pour la prière. Il se calme un peu. J'essaie de simplement lui décrire la situation comme je la perçois:

«Tu vas comprendre que vu ce qui s'est passé, ta copine ne veut pas que tu restes ici. Tu dois quitter cet appartement. Tu iras au poste de police. Là, je veux qu'un psychiatre discute avec toi.»

Non, pas bon ainsi, trop prescripteur, image du père, sentiment d'échec, d'abandon, il faut le mettre en situation active, je recommence à haute voix:

«Comment réagirais-tu à la place de ta copine? Penses-tu vraiment que tu peux rester ici?»

Il ne dit rien, les yeux rivés vers le sol.

«O.K. Tu vas accepter de suivre les agents jusqu'au poste. Là, je veux que tu puisses expliquer tout ce qui s'est passé à un psychiatre. Il aura plus de temps que moi pour t'écouter. Tu dois en avoir des choses à dire!»

Il ne bronche toujours pas, puis lance:

«J'ai soif, laissez moi chercher à boire dans le frigo.»

J'acquiesce. Une cigarette, une boisson, tout cela peut contribuer à diminuer la tension et à calmer les esprits. Je le suis dans la cuisine. Dans l'évier, il s'empare d'une choppe de bière d'un demi litre. J'imagine les dégâts qu'il pourrait commettre s'il lui venait à l'idée de me démolir la figure avec cette masse de verre.

Titre du journal:

«Un médecin trop gentil dans le coma».

Il prend une bouteille de coca, remplit le récipient et retourne s'asseoir sur le divan. Il boit une longue gorgée et là, tout à coup, le regard dans le vide, il va parler, juste quelques mots, sur son enfance, son père alcoolique, de la violence familiale, de cette copine, juste majeure, qui l'a recueilli.

J'écoute, attentif, puis j'insiste sur la nécessité d'en parler avec le psy. Il tergiverse, m'offre une dernière résistance, plus pour la forme que par conviction. Il s'est fait à l'idée que sa place n'ést plus ici. J'appelle les agents; il les suivra tranquillement.

De retour à la voiture, je pousse un long soupir de soulagement. Le beeper sonne à nouveau: une angine?

Ce week-end, je ne ferai pas les titres des journaux. Je n'ai pas envie de faire les titres des journaux…

Analyse d'expert

Le médecin travaille parfois dans des conditions défavorables à une bonne pratique: la peur de la violence, la crainte du jugement populaire ou des médias…
Dans certaines situations, cela peut influencer son bon jugement et se retourner contre lui ou contre le patient.

Une piqûre pour Mémé

Robert DELAGE

Cette histoire n'est pas de moi. Elle m'a été racontée par un collègue aujourd'hui décédé. Pas vérifiable, peut-être même une légende urbaine.

Au début de sa pratique médicale, ce collègue, fils de médecin de campagne, remplaçait son père à l'occasion pour des visites à domicile. Il reçoit un appel d'une famille qui demeurait très loin dans un rang. Mémé va mal, semble-t-il.

«On a besoin de vous tout de suite».

Un peu nerveux, il quitte, en carriole j'imagine, ça fait déjà un bon moment que c'est arrivé, pour se rendre à l'adresse en question. Il espère ne pas arriver trop tard.

Il finit par trouver la maison, marche dans la neige jusqu'aux genoux, c'était l'hiver. (Je n'en suis pas certain mais ça ajoute du dramatique et stimule l'imagination!)

Il entre. Plusieurs personnes, de tous âges, une famille québécoise comme on n'en voit plus. On l'accueille avec surprise, on avait demandé le docteur, pas son fils.

Il s'explique. On le croit plus ou moins. Trop jeune, certainement pas encore assez bon. Mais faut faire avec. Mémé ne va pas mieux.

Depuis quelques jours, elle est de moins en moins énergique, les jambes enflent, elle a de la difficulté à dormir, respire lourdement. Peut-être un peu de douleur à la poitrine. Difficile de savoir, elle est sourde, Mémé.

«Essayez toujours de lui demander».

Mon collègue se rend à son chevet. Pas beau. Teint bleuté, respiration très ardue, sibilances bilatérales, jambes enflées. Faut la soulager, Mémé.

Il sort de sa trousse une aiguille et prépare une petite injection de morphine. Ça va certainement aider qu'il se dit. Il s'exécute. Mémé semble un peu soulagée. Soulagement aussi pour les membres de la famille qui s'étaient tous regroupés autour du lit comme s'ils assistaient à un spectacle. On devine même un sourire sur la bouche de certains.

La tension baisse, surtout pour le jeune docteur qui a bien passé le test. Bon sang ne saurait mentir. Ça vaut bien un p'tit café.

«Passez donc à la cuisine».

Tout le monde se dirige à la cuisine sauf la plus jeune qui reste au chevet de Mémé. Service privé.

Le jeune docteur se fait bombarder de questions. Va-t-il rester dans la région? Remplacer son père?

«On a besoin de bons médecins dans la région, vous savez».

Un petit cri vient de la chambre. Ce n'est pas Mémé, c'est la jeune fille. On accourt.

Mémé a poussé une grande respiration et depuis, plus rien. Elle ne répond plus, mais ce n'est pas parce qu'elle est sourde. Mémé n'est plus.

Après avoir constaté l'inévitable, mon collègue offre ses sympathies à la famille et quitte sans terminer son café et sans avoir répondu aux questions de la famille sur l'établissement de sa pratique dans la région.

Ébranlé par son expérience, se sentant un peu responsable, il en discute avec son père qui ne s'en formalise pas. Ça lui est arrivé assez souvent de perdre des patients à domicile. On fait ce qu'on peut avec ce qu'on a. De son côté, le jeune rêve d'une carrière universitaire.

Malgré cette aventure, à l 'occasion, il aide encore son père. Plusieurs mois plus tard, un nouveau téléphone. Pépé ne va pas bien. Il faut venir tout de suite. Il reconnaît l'adresse…

Il ne peut pas se défiler, il a prêté serment. Il s'y rend. Même maison, même famille. Il entre. Même malaise, peut-être un peu pire. Encore des visages hostiles. Encore des gens surpris de ne pas voir le paternel.

L'aîné le reçoit.

> «Pépé va mal, un peu comme Mémé l'année dernière, vous vous souvenez, lui dit-il? Et ça se détériore de jour en jour».

Il est tout à côté dans la même chambre.

Le jeune docteur se lève, tente de cacher sa nervosité et se dirige vers la chambre. Juste avant d'entrer dans la chambre, il entend soudainement:

> «Hé Doc, venez ici une minute, je voudrais vous parler».

Appréhendant ce que l'aîné veut lui dire, il fait demi-tour avec une fausse assurance. L'aîné le prend par le bras, l'amène à l'écart et lui dit à l'oreille:

> «Vous ne pourriez pas lui donner la même piqûre que vous avez donnée à Mémé l'année dernière?»

Analyse d'expert

Le début d'une carrière médicale: gagner la confiance des gens …en se faisant confiance! Un dur apprentissage que la médecine; aussi dur de se faire une place, d'accepter le manque de moyens, de ne pas sauver tout le monde…

La mouche

Valérie GAIST

Il est six heures du matin. Je somnole dans la chambre de garde. Le bip sonne:

«Désolée Valérie, il y a encore quelqu'un pour toi!».

Je me lève, nauséeuse, vertigineuse et frissonnante. Je venais de m'assoupir… J'en suis à ma vingt-deuxième heure de travail d'affilée; il m'en reste… douze devant moi!

«C'est quoi?» demandé-je, en essayant de chasser la brume opaque de mon cerveau.

«Euh… une dame a senti une mouche entrer dans son oreille!» me fait l'infirmière, n'osant pas trop affronter mon regard.

«Ah non!», fais-je in petto, le cas psy… Merde! Ça va me prendre des heures, je n'aurai pas le temps de prendre ma douche et de me changer avant le colloque de 8h, j'en ai MARRE, c'est toujours sur moi que ça tombe… »

J'entre dans le box des urgences, ma mine ne doit pas être des plus avenantes. Une dame d'une soixantaine d'années est assise sur la table d'examen, plutôt agitée. Son mari, bien que bedonnant, semble invisible: il est assis tout au fond du box et relève à peine la tête à mon arrivée. Il se tait pendant tout l'entretien.

«Bonjour Madame, que vous arrive-t-il donc?», demandé-je, en essayant d'adopter le ton le plus neutre possible.

Vu l'air apeuré de la dame, ça ne doit pas sonner très juste…

«Eh bien! Vous ne me croirez pas»,

commence la dame sur un ton logorrhéique, de plus en plus agitée, en faisant de grands gestes des deux mains.

«Je dormais et tout à coup, j'ai senti une mouche entrer

dans mon oreille, et elle s'est mise à se débattre, à tourner en rond, en avant et en arrière. Elle devait chercher la sortie n'est-ce pas?»,

explique-t-elle en mimant bien les faits et gestes de la mouche, histoire que je la croie. Malgré mon silence hostile, elle poursuit:

«Et tout ça faisait un bruit d'enfer, c'était terrible, comme des bruits de canon de guerre dans mon oreille; vous ne pouvez pas vous rendre compte; ça m'a donné un mal de crâne… J'ai bien essayé de la faire sortir en secouant la tête (elle mime à nouveau, j'ai l'impression d'être en face d'une sorcière en pleine transe mystique), mais je n'ai pas réussi. J'ai voulu attendre le jour mais là, ce n'est plus possible, j'ai cru devenir folle!»

Je me tais toujours. Je suis encore énervée de m'être faite embrigader là-dedans, mais j'observe la dame qui tout à coup, laisse passer une seconde de silence, puis me jette un regard en coin. Elle hésite, puis d'un ton nettement moins assuré:

«En fait, depuis que j'attends ici aux urgences, eh bien… (ton à peine audible maintenant, elle finit en chuchotant)...je ne l'entends plus… .la mouche, peut-être qu'elle est… morte?»

«On y est», me dis-je, le délire va commencer. Ayant quand même eu le temps de me reprendre pendant ce long soliloque, je décide d'une tactique: je me dirige vers l'otoscope que je brandis devant ses yeux telle une pièce à conviction de sa culpabilité, et lui déclare, l'air très professionnel de celle à qui on ne la fait pas:

«Eh bien! Madame, nous allons voir à quoi ressemble cette mouche!»

J'enfonce doucement l'otoscope dans l'oreille de la dame, et que vois-je, sur le plancher au fond du conduit auditif externe? Une mouche morte, les quatre fers en l'air!

J'ai à peine le temps d'enlever l'otoscope que c'est moi qui décompense en phase maniaque: j'arrive à ânonner:

«Mais elle existe vraiment cette mouche!»

Puis j'éclate d'un fou rire nerveux: je ris, je pleure, je me plie en deux, j'agite les bras... La dame en face de moi se met à rire un peu jaune, elle n'est pas sûre de bien comprendre ce qui se passe.

«Mais bien sûr que c'est vrai, pourquoi?», me dit-elle avec étonnement.

«J'étais sûre que vous étiez folle!», lui avoué-je, entre deux hoquets.

Alors elle se détend complètement et se met à rire également de bon cœur. Ce manège dure un long moment. Une fois définitivement reprise, je lui extirpe délicatement la mouche morte de l'oreille. On se quitte bonnes amies. Le mari me serre la main, il n'a pas bronché, même quand j'ai fait mon numéro d'hystérique à deux balles.

Un peu plus tard, douchée et changée, ma dignité retrouvée, je raconte en deux mots cette histoire au colloque de garde. Personne ne trouve cela digne d'intérêt (bien oui, ça manque cruellement d'arrêt cardiaque et de défibrillateur). Je suis la seule qui semble trouver cela joyeux. Ils me prennent certainement tous pour une folle. Mais moi je sais, ce sont EUX ... les fous!

Analyse d'expert

Le médecin n'est pas exempt de préjugés devant des situations inhabituelles ... La fatigue, de longues heures de garde, une présentation particulière peuvent l'amener à conclure par erreur à un trouble psychiatrique ... Dans tous les cas, il faut donner crédit au patient! L'écoute attentive et respectueuse permet seule de saisir le véritable problème.

Parfois la limite entre la folie et la normalité est très subtile au point de se demander qui est le thérapeute et qui est le patient?

Anecdotes de Sao Paolo

Haran BURRI

La crevaison

Une partie de la satisfaction issue de notre métier provient de la gratitude des patients que nous avons soignés. Leurs remerciements ou ceux de leurs proches, exprimés le plus souvent oralement, parfois par des cartes ou même des petits cadeaux, nous touchent. Ce témoignage «de gratitude» variant en fonction des différents contextes se présente dans un centre d'urgence de Sao Paulo.

Alors qu'il revient chez lui tard le soir, après une longue journée de travail, notre confrère doit faire face à une crevaison de pneu en pleine banlieue de Sao Paulo. Il faut dire que l'endroit est connu comme étant mal fréquenté et très dangereux pour les personnes n'habitant pas le quartier. Bien qu'habile dans son métier, le médecin est piètre mécanicien et peine à changer sa roue. Au bout d'un quart d'heure, il voit surgir d'une rue sombre 3 silhouettes suspectes d'hommes manifestement armés d'outils. Effrayé, le médecin ne tente pourtant pas de s'enfuir et tend son porte-monnaie et ses clefs vers les 3 hommes qui s'avancent à grand pas vers lui. L'un deux prends les clefs pendant que les deux autres se mettent à l'œuvre pour remplacer le pneu crevé.

Après quoi, l'homme rend les clefs au médecin, le fixe bien dans ses yeux bleus de peur et lui dit à basse voix: «T'as bien de la chance, car je me rappelle encore très bien de ta face au service d'urgence, quand tu as sauvé la vie du chef de notre gang....»

Les 3 ombres se sont volatilisées comme elles sont arrivées: inaudibles, nobles et sans laisser de trace!

Règlement de compte à Sao Paolo

Dans un centre d'urgence aux abords d'un bidonville de Sao Paulo un bandit est amené en état de choc.

Il présente une blessure à l'arme blanche au niveau du thorax. Notre confrère diagnostique un pneumothorax sous tension. Un pneumothorax sous tension est une situation de danger vital absolue (!) où l'air entre la cage thoracique et le poumon prend tellement de place que l'autre poumon s'écrase et le cœur ne reçoit plus de sang ce qui solde par la mort en quelques minutes! La seule et unique possibilité de sauver la vie, c'est de poser un drain thoracique immédiatement, sans faire aucune radiographie ni d'autres examens sophistiqués.

Le patient a eu de la chance..... le drain a pu être mis en place en quelques minutes et la vie du patiet était sauvée.

Le lendemain, le patient tient à remercier son médecin. Il lui explique qu'il n'a malheureusement pas les moyens financiers de lui présenter sa gratitude et propose de mettre ses services à disposition. Le bandit demande alors au médecin s'il n'aurait pas quelqu'un dans son entourage qui l'importune car il pourrait s'en occuper personnellement en lui «réglant son compte». Notre confrère le remercie pour cette attention, mais décline poliment son offre.

Ces deux histoires («La crevaison» et «Règlement de comptes») nous rappellent que nous avons la chance d'exercer un métier hors du commun (celui du médecin), car nos actes peuvent être récompensés par une relation humaine privilégiée.

Analyse d'expert

La maladie, la mort évitée de justesse ramènent tous les hommes à l'essentiel, quels qu'ils soient, et les emplit de gratitude. Si le médecin est parfois malmené par certains patients, quelle satisfaction pour lui de percevoir la gratitude chez les autres. La plus précieuse des récompenses...

Pour toi Marie-Eve...

Robert DELAGE

Lorsque le projet d'écrire ces brèves histoires a fait surface, Marie-Eve a été la première personne à qui j'ai pensé. Il y a certains patients qui nous marquent plus que d'autres.

Ce fut certainement le cas de Marie-Eve. Elle me hante encore...

Que dire à son sujet et de son histoire? Qu'elle était merveilleusement belle, qu'elle formait avec son copain Charles un couple radieux respirant le bonheur, qu'elle incarnait la joie de vivre. Et tellement plus.

Peut-être un peu banal pour vous mais tellement vrai pour ceux qui l'ont connue.

Je me suis cassé la tête pour écrire un texte afin de lui rendre hommage. Je n'ai rien trouvé de bien intelligent.

Trop difficile.

Juste te dire Marie-Eve, que ceux qui ont eu le privilège de te connaître ne t'oublieront jamais.

C'est tout.

Analyse d'expert

Sans doute difficile de laisser aller le souvenir de cette jeune femme qui n'aurait pas dû mourir...

La cécité

Valérie GAIST

J'entre dans la chambre pour saluer la nouvelle patiente de l'unité, que le médecin assistant vient de me présenter. J'en retiens l'essentiel, je crois: elle est aveugle et vient ici en rééducation suite à la mise en place d'une prothèse totale de hanche.

Le lendemain, une journée calme dans cette station d'altitude où trône notre magnifique bien que centenaire clinique de rééducation, je passe à nouveau le pas de sa porte: j'ai oublié le prétexte qui m'y fait entrer, mais les presque trois heures qui j'y ai ensuite passées sont gravées dans ma mémoire.

La patiente, la soixantaine intelligente, me raconte sa vie de jeune mariée heureuse dans le canton de Vaud des années 65-70, puis le cataclysme qui s'abat sur elle au moment de l'accouchement de son ---unique--- enfant: entrée à l'hôpital en parfaite santé lors des premières contractions, elle accouche «normalement» grâce à la fameuse nouvelle méthode «l'accouchement sans douleurs» et se retrouve, une fois son bébé posé contre son sein... **AVEUGLE**!

Elle est prise d'une telle panique et d'une angoisse si extrême qu'elle n'arrive pas à bien s'exprimer... elle est tellement jeune et ne comprend rien à ce qui lui arrive. Heureusement pour elle, elle est quand même dans un hôpital universitaire réputé de Suisse Romande, et le bal des professeurs débute: l'ophtalmologue, le neurologue, le psychiatre... ...tout ce beau monde se précipite à son chevet, mais l'abandonne très vite à son sort, constatant son impuissance.

La jeune femme est dans un état de panique totale: elle sent que le personnel médical est emprunté avec elle et tente de se débarrasser de ce cas-problème le plus vite possible. Elle se retrouve donc chez elle, malvoyante à 90%, avec un nouveau-né dont elle doit s'occuper toute seule, son mari travaillant à l'extérieur toute la journée et sa propre famille n'habitant pas la région. D'aide sociale, associative, morale, amicale de la part du système médical, elle n'entend pas parler, à peine un merveilleux: «Ne vous inquiétez pas, Madame, avec le temps, vous vous habituerez!».

Sur son lit, la patiente poursuit avec des anecdotes tellement invraisemblables qu'elle ne peut les avoir inventées: pour ne pas marcher sur son bébé quand celui-ci se met à ramper, elle a l'idée de lui accrocher une clochette à la cheville; un après-midi ensoleillé, s'en allant faire ses courses avec sa poussette (elle ne sort jamais par temps maussade car elle n'y voit strictement rien), elle se perd un peu, coince les roues de sa poussette dans ce qui lui semble être un passage en bois, quand tout à coup, un homme se met à hurler et à l'insulter, puis à les pousser violemment, elle et sa poussette: trente secondes après, elle ressent les vibrations d'un train qui passe à toute vitesse. Elle était sur un passage à niveau, non sécurisé à l'époque, et l'homme avait cru qu'elle voulait se suicider avec son bébé...

C'est plus tard, bien plus tard, que cette femme au courage et à l'instinct de vie merveilleux a appris le braille, puis s'est investie dans une association de malvoyants jusqu'à finalement travailler activement dans une bibliothèque en braille.

Nous parlons alors de notre passion commune pour la lecture et j'en viens à lui décrire un livre très émouvant, relatant les témoignages de nombreuses personnalités répondant à cette simple question: «Qui sont vos parents et les parents de vos parents?». Les textes faisaient donc tous référence à l'enfance, à la difficulté ou à la beauté des relations intergénérationnelles. Cette perspective a tellement plu à ma patiente que le lendemain, je lui amène ledit bouquin, et lui fais la lecture dans sa chambre.

Quand j'ai terminé, c'est la fin de l'après-midi, les derniers rayons de soleil entrent par la fenêtre nous caresser les cheveux, le silence de la montagne répand une sérénité qui nous enveloppe d'une connivence presque nostalgique. Je me lève et quitte la patiente à regret, consciente d'avoir vécu un moment d'échange rare et beau.

C'est cela aussi, être médecin: donner quelque chose qui ne s'apprend pas dans les livres et surtout accepter de recevoir comme un cadeau ce que le patient veut bien nous transmettre.

Analyse d'expert

«On ne voit bien qu'avec le cœur, l'essentiel est invisible pour les yeux!» disait St-Exupéry.
Belle illustration de complicité et de respect de la part du médecin, qui a su découvrir cette dame au-delà du symptôme.

Histoire à dormir debout

Bruno PALMIER

J'étais une fois de plus confortablement installé dans mon siège de 1ère classe TGV (train à grande vitesse), pour un énième trajet à caractère professionnel Paris-Toulon. Les oreillettes de mon Walkman bien calées, j'écoutais l'opus 132 de Beethoven. Je m'étais habitué à écouter la musique de chambre, rythmée par le bruit de fond du train qui, à la longue, ne me dérangeait plus du tout. Il était tout à fait possible que je m'assoupisse et, de fait, ce soir-là, je m'assoupis.

Je fus tiré de mon sommeil par une modification inhabituelle de ce fond sonore. J'avais au début l'impression d'un grognement allant crescendo puis decrescendo, et m'étant redressé en retirant mes écouteurs, le doute n'était plus permis: j'étais assis juste derrière un ronfleur qui ronflait.

Voilà qui était bien banal dans le wagon d'un TGV du soir.

Moins banale en revanche était la musique que j'avais à présent dans les oreilles: un ronflement bien sonore crescendo à vingt par minute, puis à l'acmé, une pause, suivie d'un gargouillis indéfinissable se terminant manifestement par une longue déglutition, avant que le crescendo ne reprenne à l'identique.

Le siège devant moi était occupé par un malade porteur d'un syndrome d'apnée obstructive du sommeil et qui ne s'en cachait pas.

Le savait-il seulement?

En fait, c'était cette seule question qui me hantait pendant une bonne demi-heure. J'attendais que le voyageur se réveille pour l'aborder. J'étais moins gêné par le diagnostic, dont j'étais sûr, que par les circonstances.

Je me décidai quand l'intéressé de retour d'une visite aux toilettes s'apprêtait à se rasseoir.

C'était un grand obèse, mais qui se déplaçait assez vivement et qui portait magnifiquement une barbe et une moustache noires, les cheveux longs noués façon katogan à l'arrière.

> «Bonjour Monsieur, je suis médecin et je me dois de vous signaler que vous ne respirez pas normalement quand vous dormez».
>
> «Je sais, on me l'a déjà dit. Je ronfle et je dérange. Excusez-moi!»
>
> «Mais ce n'est pas le ronflement qui est gênant, si vous me permettez d'insister, c'est que plusieurs dizaines de fois quand vous dormez, vous avalez votre langue, vous vous étouffez, vous manquez d'oxygène et même si votre respiration reprend, à la longue vous vous faites du mal».
>
> «Ecoutez, je connais cette histoire à dormir debout. Je ne suis pas dans votre cabinet, alors mêlez-vous de ce qui vous regarde!»

Et la conversation en resta là.

L'homme descendit en gare d'Avignon TGV un peu plus tard. Je repensai souvent à cette conversation les semaines suivantes, en fait chaque fois que je voyageais dans un wagon avec ronfleur et puis, au fil du temps, je l'ai oubliée.

Deux bonnes années plus tard, nous avons l'occasion, ma femme et moi, d'aller voir une de mes filles jouer dans une pièce de théâtre à Avignon.

Après le spectacle, Julie avait réservé une table dans un excellent restaurant qu'elle connaissait: cadre semi-oriental, lumière suffisamment forte pour reconnaître le contenu de son assiette, serveurs portant tous le katogan, cuisine exquise, un de ces moments magiques dont les retrouvailles familiales ont le secret.

À la fin du repas, Julie nous ayant vanté la fine poire de l'établissement, j'en commande et demande en même temps discrètement l'addition.

«C'est déjà réglé», me dit le serveur à voix basse.
Je me retourne alors vers ma fille en lui rappelant que c'est moi qui invitait.

«Mais je n'ai rien fait», me dit-elle.
Je vis alors arriver vers la table un homme assez corpulent, toque et habit blanc, tout sourire, et dont je me rappelais qu'il avait parcouru la salle au cours de la soirée en demandant si tout allait bien.

Il soutenait un plateau avec les eaux de vie, qu'il déposa devant moi.

Une carte du restaurant était appuyée bien en évidence sur un des verres et était dédicacée ainsi: «En souvenir d'une histoire à dormir debout!»

Je devais avoir cet air stupide des gens qui ne comprennent pas tout, tout de suite, parce qu'ils ne sont pas physionomistes.

Amaigri, sans barbe ni moustache, mais toujours magnifique dans son habit de chef, le ronfleur du TGV me remerciait de l'avoir interpellé, car maintenant qu'il se traitait, me dit-il, toutes ses affaires allaient beaucoup mieux!

Analyse d'expert

Le désir de rendre service sans blesser ni importuner confronte le médecin à la question d'intervenir ou non auprès d'une personne rencontrée en situation sociale... et qui ne demande rien! Il n'y a pas de réponse toute faite à cela. Le médecin doit juger selon son appréciation du moment... Dans ce cas-ci, pour le meilleur!

La población — «Bidonville»

Claudio JELDRES

La traduction littérale de «la población» c'est la population, mais au Chili elle signifie un bidonville ou quartier pauvre.

Je n'avais pas vraiment choisi ce poste, mais je l'avais accepté, concédant sans trop de conviction que c'était là une excellente opportunité d'acquérir de l'expérience et décevant du même coup tous ceux qui me croyaient voué à un brillant avenir. Car logiquement, j'aurais pu et j'aurais dû dénicher une position enviable, un travail stimulant dans une clinique moderne avec possibilité d'avancement etc... Mais je ne voulais surtout pas m'engager dans quoi que ce soit qui aurait pu me faire remettre en question mon plan. Aussi ai-je voulu éviter tout ce qui aurait pu me procurer un tant soit peu de confort.

Alors voilà pourquoi j'avais accepté ce poste: afin de ne pas renouveler le contrat au terme des douze mois. Parce que j'estimais qu'une année de travail dans ce bled me procurerait suffisamment d'argent pour quitter le pays. Quitter ce pays. C'était là mon unique visée.

L'Instituto de la Salud (No. 5), était situé à quelque 200 km de la capitale, aux abords de la Route No. 5, comme son nom l'indique. L'hôpital le plus près se trouvant à 160 km, l'Instituto était le seul dispensaire pour les 950 habitants des deux villages entre lesquels son emplacement avait été établi en 1965. Une clientèle rurale, donc.

Voilà essentiellement ce que j'en savais, le matin où j'ai quitté la capitale en direction de l'Instituto de la Salud (No. 5) pour aller prendre mes fonctions de Director General Ejecutivo, à l'âge vénérable de vingt-six ans.

On m'avait bien assuré qu'en dépit du titre plutôt formel, la presque totalité de la tâche serait de la consultation clinique. Pour ce qui est de la gestion de l'Instituto, le personnel déjà en place (assistants, infirmiers, secrétaire) m'assisterait grandement.

Après plus de deux heures de route et après avoir traversé le village de CC, je tâchais d'être attentif afin de ne pas rater ma destination. Au bout d'une vingtaine de kilomètres, j'avais atteint le village de San-J où je me suis arrêté pour bien vérifier l'itinéraire que j'avais noté sur un bloc de papier quadrillé. J'avais clairement inscrit: Route No. 5, côté Est, entre CC et San-J, un peu plus près de San-J. J'avais donc manqué l'Instituto. Je rebrousse chemin et je décide d'aller demander les indications à un homme qui vendait sa récolte de kakis aux abords de la route: «La clinique?» «Facile, qu'il me dit en pointant vers le sud. C'est le seul lot non-clôturé.»

Comme dans le reste du pays, chaque habitation, aussi modeste soit-elle, est dissimulée derrière de hauts murs, faits de parpaings pour les plus «riches» ou de simples palissades pour les plus pauvres. Tout en roulant, de loin, j'ai aisément repéré un espace qui n'était pas clôturé, mais plus je m'approchais, plus je voyais que l'endroit n'avait rien d'un Instituto de Salud. Peut-être un garage. Non, une écurie probablement. Même pas d'enseigne. Ça ne pouvait pas être cela. Je me suis tout de même immobilisé vis-à-vis du seuil et je n'ai eu nul besoin de sortir de mon véhicule pour lire ce qui était affiché à la fenêtre.

La clinique sera fermée jusqu'à l'arrivée du Dr. J. pour toute urgence, appelez le 391.81.8199

Le Docteur J, c'était moi. Et cette baraque? Une clinique?!! Non…

Le choc initial était moins lié à l'extrême pauvreté de ce que je voyais qu'au constat de ma propre naïveté. Je venais de parcourir 200 km sur une route bordée de villages qui m'apparaissaient de plus en plus misérables à mesure que s'ajoutaient les kilomètres à mon compteur. L'aboutissement logique - ou tout au moins prévisible - de ce périple ne pouvait être autre chose que l'état de délabrement de cette clinique et de ses environs et pourtant, j'étais sidéré. Comment avais-je pu concevoir autre chose que ce j'avais sous les yeux?

Dans un séminaire de médecine sociale, au tout début de mes études, je me rappelais avoir visité des favelas. Situées aux limites de la ville, ces masses de taudis diminuaient à vue d'œil, d'année en année, laissant supposer une amélioration des conditions de vie de ses habitants, laissant aussi planer l'illusion que c'en était fait de la pauvreté, dans ce pays. Voilà peut-être pourquoi j'avais pu envisager cette première année de pratique en milieu rural de façon insouciante, en faisant abstraction de la misère humaine, cette réalité qui était l'ordinaire de la majorité silencieuse.

Rapidement, une routine s'est installée et je me suis vite senti dans mon élément. Je voyais entre dix et quinze patients par jour, et la majorité des cas semblait tout droit sortis des ouvrages préparatoires à l'examen final de médecine de famille que j'avais réussi, quelques semaines plus tôt. Des mères seules, invariablement pauvres, de nombreux enfants et la panoplie d'infections qui vient avec, des adolescentes aux prises avec du diabète de grossesse, des ouvriers prématurément usés, des entorses cervicales et des douleurs lombaires presque autant qu'on en retrouve au Québec. Des maladies respiratoires. Beaucoup de cas d'asthme, dans cette ancienne zone minière dont le gisement de cuivre avait été exploité jusqu'au dernier gramme, au prix de nombreux décès. Beaucoup de dénutrition et paradoxalement, beaucoup d'obésité. Fait étonnant, je n'ai jamais eu à prescrire d'antidépresseurs, sauf à quelques Roms (oui, des Roms en Amérique du Sud) qui venaient me demander n'importe quel médicament qui avait un potentiel de revente.

Ces gens étaient d'une reconnaissance qui m'apparaissait souvent démesurée. M'apportant des plants de laurier, des cageots de fruits frais, des chaussettes d'alpaga tricotées main et plein d'autres choses dont ils se privaient pour les offrir au sauveur qui leur avait prescrit quelques cachets de paracétamol. C'était trop d'égards, cela m'indisposait parfois. Ces gens tenaient à me montrer qu'ils connaissaient la valeur des choses. Pour eux, c'était une question de fierté.

Une chose difficile, tout au long de ces douze mois passés à soigner ces déshérités, c'était le fait d'être incapable de leur dire que je ne faisais que passer, que je ne serais plus là dans quelques mois, que j'allais quitter la clinique. Les quitter, eux. En cela, j'avais le sentiment de les trahir. Je savais que j'allais les décevoir. Comme j'en avais déçu d'autres, en venant travailler ici. Mais c'était peut-être présomptueux d'imaginer que mon départ pouvait les affecter. La terre ne s'arrêterait pas de tourner et rapidement, je sombrerais dans l'oubli.

Plusieurs médecins étaient passés avant moi, le dernier avait dirigé la clinique pendant quelques années et j'avais remarqué que jamais un patient n'en évoquait le nom, la compétence et ni même l'existence. Cela me frappe d'autant plus qu'aujourd'hui, il ne se passe pas un jour sans qu'un patient québécois ne souligne les discordances entre mes recommandations et celles du précédent médecin traitant («Non mais le Dr X., lui, me prescrivait 200 mg deux fois par jour!» «Oui mais le Dr Y, lui, mesurait ma pression sur le bras droit!»). Là-bas, rien de tout cela. Chacun acceptait son diagnostic avec humilité, passivité et parfois même avec une curieuse forme de contentement. Lorsque j'expliquais à une femme âgée que sa nécrose était une conséquence du diabète et qu'il fallait l'amputer, jamais elle ne songeait à la possibilité d'exiger un second avis. Elle acceptait simplement, avec résignation, sans vraiment manifester d'inquiétude. Me remerciant, même.

L'année s'achevait, j'étais prêt à quitter ce pays pour m'établir au Canada. Tel que prévu, j'ai remis ma démission avec un préavis de 30 jours et j'ai passé ce dernier mois à me questionner sur ce qui m'avait amené ici et sur ce que j'en retirais. Je dois admettre que cette «expérience enrichissante» ne figure pas à mon curriculum vitae. Ce n'est pas du mépris. Plutôt le sentiment d'avoir été inutile, un constat d'échec face à la misère. Je savais comme tout le monde que la pauvreté, c'était avoir faim. J'ai appris que l'extrême pauvreté c'est ne plus se plaindre de sa faim, et ne plus se plaindre de quoi que ce soit. J'ai pensé que la pauvreté, c'était s'en remettre à n'importe quel jeune médecin blanc sans expérience, pour décider d'une amputation.

J'ai compris que l'extrême pauvreté était de demander à ce médecin d'inscrire sur un bout de papier ce mot: mésothéliome, pour ensuite insérer le bout de papier dans une enveloppe et marcher tout l'après-midi sous un soleil de plomb pour pouvoir déposer cette enveloppe au pied de la statue de la Vierge dans le village voisin. J'ai certainement aidé des patients individuellement, à différents degrés, mais je n'ai rien su faire pour améliorer leur sort collectif. Comme le patient confronté à sa maladie, j'étais résigné devant cette vision cruelle et unilatérale du désespoir, ne sachant que faire. Non, sachant plutôt qu'il n'y avait rien à faire. Sachant que les enfants des enfants que j'avais connus viendraient au monde et vivraient de la même façon que leurs grands-parents, dans les mêmes conditions et avec les mêmes perspectives. Je savais qu'ils ne verraient jamais la mer et ne parcourraient peut-être jamais les 200 km les séparant de la capitale. Et cela me paraissait tellement immuable que je n'ai même pas eu envie de crier.

Voilà, j'étais arrivé insouciant, je repartais fataliste. Sachant désormais que la pauvreté n'est belle que dans les chansons de Victor Jara (1973, chanteur, auteur/compositeur populaire chilien).

Analyse d'expert

L'extrême pauvreté est un choc pour le médecin qui n'y est pas préparé. Mais comment se préparer à cela?

Plutôt que de ressentir comme plusieurs médecins cet immense sentiment d'impuissance, voire le désir de ne pas s'engager auprès de ces populations, certains des plus pauvres suscitent notre admiration pour la résilience dont ils font preuve. Ils nous montrent qu'il ne faut jamais renoncer…

La dernière destination

Geneviève FERLAND-CARON

Voici la malheureuse et brève histoire d'un temps si court passé avec deux filles époustouflantes: Christelle et Andréanne.

Tout a commencé lors de notre passage en Argentine, à Cordoba, petite ville qui faisait partie de notre itinéraire entre Buenos Aires et Sucre, en Bolivie où nous devions nous rendre pour un stage médical. Un arrêt à Cordoba était dans nos plans dès l'élaboration de notre voyage puisque nous avions déjà une possibilité d'hébergement là-bas. Dès notre arrivée, il y avait une très belle chimie entre les quatre filles.

D'activités en activités, Christelle et Andréanne prenaient le temps de nous faire découvrir leur ville des derniers mois, les petits marchés, les restos et les bars. Nos quelques jours avec elles s'envolèrent rapidement, mais nos plans de voyage et de découverte ne faisaient que s'intensifier. Autour d'un mate (boisson chaude à base d'herbes), nous décidons de nous retrouver quelques semaines plus tard pour une autre aventure dans le désert de sel de Uyuni.

Continuant notre route en duo vers notre destination finale, Sucre, nos plans pour notre prochain périple prenaient forme: réservations d'hôtel, excursion et transport. Bref, après quelques semaines pénibles de stage, le temps de renouer avec nos complices était enfin arrivé. Nous avions décidé de nous rejoindre directement au départ de l'excursion, soit dans la ville d'Uyuni à l'hôtel Sajama, réservé par notre agente de voyage.

Le trajet vers Uyuni fut long sur les routes escarpées et en altitude. Notre arrivée fut retardée jusque vers 2h du matin. Nous avons donc choisi de nous coucher après nous être assurées auprès de la réception que nos amies étaient bel et bien arrivées.

Nous étions épuisées, malades et frigorifiées. Le chauffage au gaz nous apportait un peu de réconfort. Nous nous sommes installées tranquillement puis, par méfiance, nous avons éteint l'appareil de chauffage pour les quelques heures de sommeil restantes. Au réveil, encore plus mal en point que la veille, sûrement en raison de l'altitude: évanouissements, étourdissements et nausées s'emparèrent de nous, mais cela n'allait pas gâcher notre expédition pour autant.

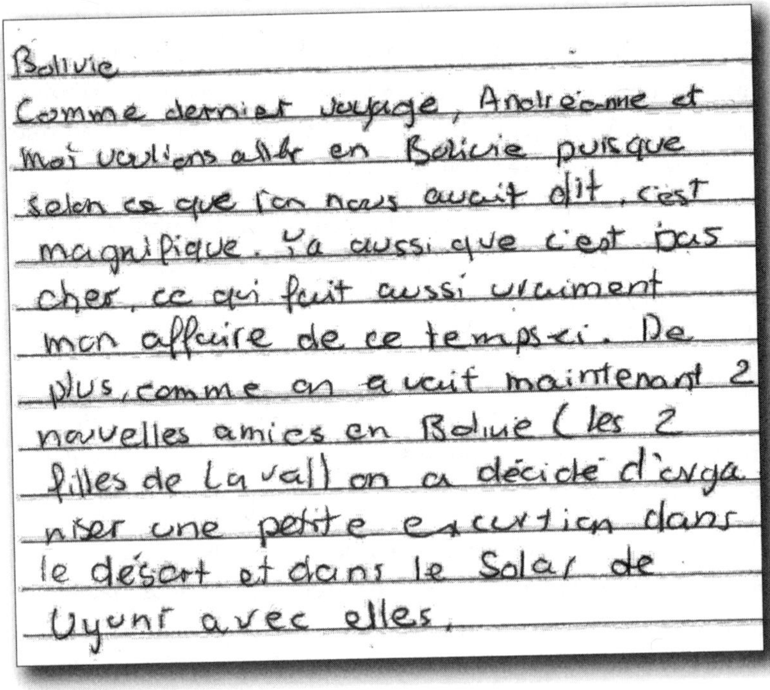

Bolivie
Comme dernier voyage, Andréanne et
moi voulions aller en Bolivie puisque
selon ce que l'on nous avait dit, c'est
magnifique. Y a aussi que c'est pas
cher, ce qui fait aussi vraiment
mon affaire de ce temps-ci. De
plus, comme on avait maintenant 2
nouvelles amies en Bolivie (les 2
filles de Laval) on a décidé d'orga
niser une petite excurtion dans
le désert et dans le Solar de
Uyuni avec elles.

Extrait du livre intime de Christelle.

En arrivant vers 7h au point de rencontre, personne! «Peut-être sont-elles parties déjeuner? Ou tout simplement en train de se coiffer?»

Nous décidâmes qu'une de nous remonterait vers leur chambre pour voir ce qui se passait, pendant que j'essaierais tant bien que de mal de ne pas être malade. Je n'eus pas le temps de m'asseoir sur le banc le plus proche qu'un cri de terreur envahit mon univers. Mes jambes qui ne répondaient plus à aucun signal quelques secondes auparavant, grimpaient les marches à une vitesse record.

Puis l'horloge s'arrêta: découverte de nos deux amies inanimées dans leur chambre, d'où s'échappait une forte odeur de gaz qui nous hantera à jamais. Éveillé par nos cris de terreur, un groupe d'Israéliens tenta de nous venir en aide et trouva un moyen de transport en expulsant un habitant de son véhicule puis nous prîmes la direction de l'hôpital où malheureusement nous n'avons pu faire autrement que de nous avouer vaincues par leur mort.

Comment accepter que nos amies soient dorénavant nos anges gardiens? Ces longs moments nous parurent des mois alors que la suite se déroula en quelques secondes.

Aucun temps pour s'apitoyer. Nous devons agir, réagir: appel à nos proches et à ceux des victimes.

Comment annoncer à une mère la perte de ce qu'elle a de plus précieux? Appel à notre ambassade pour aide et support, en vain...

Nous sommes si seules, si loin, au cœur d'une culture étrangère côtoyant la mort avec une indifférence qui n'a rien à voir avec la détresse qui nous envahit.

La seule possibilité qui s'offre à nous, c'est de nous ressaisir car nous devons tout prendre en charge: conservation des corps, rapatriement vers le Canada, dossier de police, récupération de ce qui reste des souvenirs (journaux de route, photos pour tenter de panser les plaies vives des familles à notre retour).

Nous avions décidé de nous séparer pour mieux accomplir toutes ces tâches: une à la recherche de formol dans les pseudo-pharmacies locales, en achetant toutes leurs réserves et négociant l'infiltration avec le personnel hospitalier peu serviable, mais facilement achetable pour quelques pièces. Par ailleurs, il fallait jongler avec l'enquête policière, s'assurer qu'elle aurait lieu afin qu'une telle situation ne se reproduise plus, comme cela était déjà trop souvent arrivé.

Au fil des années, plusieurs vies de jeunes voyageurs ont été perdues de la même façon, mais le tout à été enterré si rapidement sous des montagnes de mensonges pour ne pas nuire au tourisme.

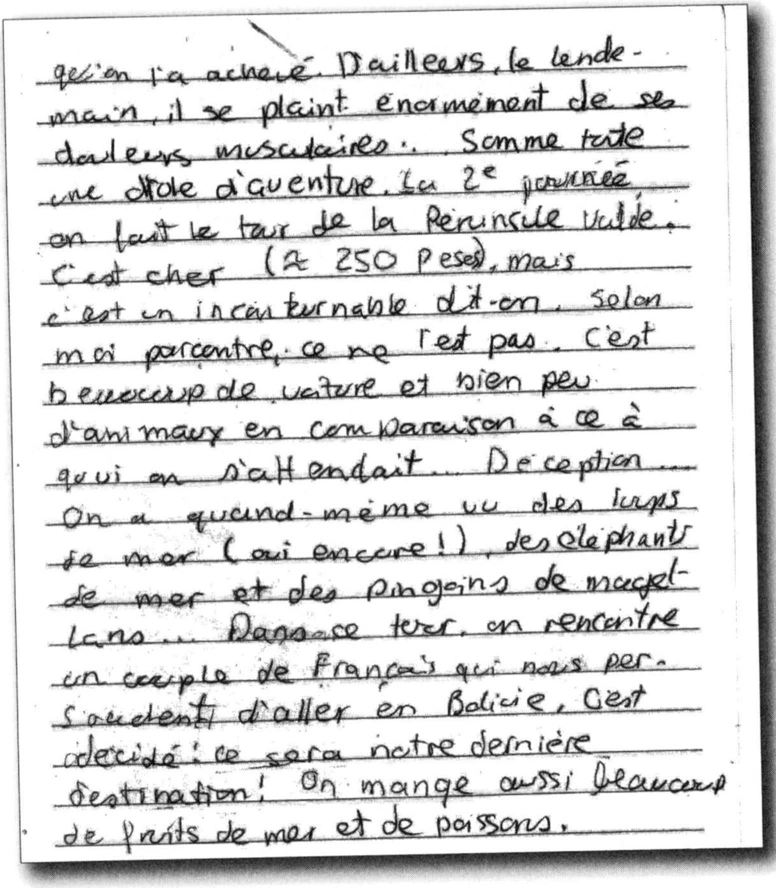

qu'on l'a acheté. D'ailleurs, le lende-
main, il se plaint énormément de ses
douleurs musculaires. Somme toute
une drôle d'aventure. La 2e journée
on fait le tour de la Peninsule Valde.
C'est cher (± 250 pesos), mais
c'est incontournable dit-on. Selon
moi par contre, ce ne l'est pas. C'est
beaucoup de voiture et bien peu
d'animaux en comparaison à ce à
quoi on s'attendait. Déception...
On a quand-même vu des loups
de mer (oui encore!), des éléphants
de mer et des pingouins de magel-
lans... Dans ce tour, on rencontre
un couple de Français qui nous per-
suadent d'aller en Bolivie. C'est
décidé: ce sera notre dernière
destination! On mange aussi beaucoup
de fruits de mer et de poissons.

Extrait du livre intime de Christelle.

Par ce témoignage, nous tenons à faire connaitre la vérité afin de respecter la dignité des victimes bien trop jeunes.

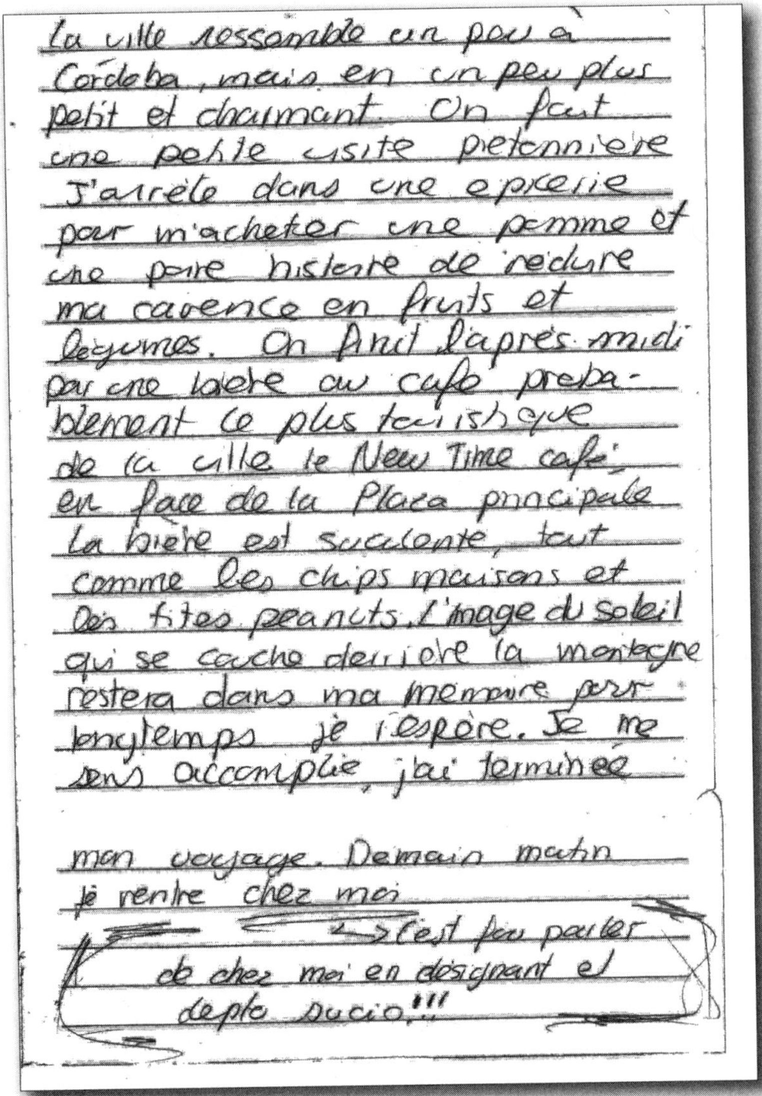
La ville ressemble un peu à
Cordoba, mais en un peu plus
petit et charmant. On fait
une petite visite piétonnière
J'arrête dans une épicerie
pour m'acheter une pomme et
une poire histoire de réduire
ma carence en fruits et
légumes. On finit l'après-midi
par une bière au café proba-
blement le plus touristique
de la ville le New Time café,
en face de la Plaza principale
La bière est succulente, tout
comme les chips maisons et
des fites peanuts. L'image du soleil
qui se couche derrière la montagne
restera dans ma mémoire pour
longtemps je l'espère. Je me
sens accomplie, j'ai terminée
mon voyage. Demain matin
je rentre chez moi
→ C'est fou parler
de chez moi en désignant el
depto sucio!!!

Extrait du livre intime de Christelle, où elle dit vers la fin:
«**Je me sens accomplie, j'ai terminé mon voyage**»...

Finalement il fallait penser à nous: comment échapper à cet endroit et à ce malheur? La noirceur se faisait proche, les «routes de la mort» étaient peu accessibles dans l'obscurité… mais nous voulions fuir, aller nous réfugier dans un endroit rassurant qui nous semblait si loin.

Nous vous faisons grâce des détails, difficultés et complications du rapatriement de nos deux amies. C'est encore trop difficile d'en parler.

Cela fait maintenant cinq ans qu'elles nous ont quittées, qu'elles se sont endormies avec tous leurs projets inachevés. Mais nous garderons en tête éternellement nos derniers éclats de rire aux petites heures du matin et cette impression qu'elles veillent sur nous.

Analyse d'expert

Les médecins doivent réagir rationnellement et rapidement, même dans des conditions extrêmement graves ou bouleversantes, afin de traiter et sauver des patients. On nomme ces mécanismes de défense (ou d'adaptation) l'isolation affective, la rationalisation, la sublimation… Ce sont ces réflexes qui ont pris le dessus pour gérer cette situation catastrophique. Les sentiments, les émotions feront surface par la suite, permettant le travail du deuil.

Nous remercions Madeleine, la maman de Christelle, de nous avoir donné la chance de partager les dernières lignes de son journal intime..

La peur

Robert DELAGE

Avec le travail que je fais, la peur fait partie de mon quotidien. En fait, je lui fais souvent face. Elle se tient là, devant mon bureau. Bien malgré moi, je suis son complice puisque c'est moi, avec mes nouvelles, qui la fais surgir. J'ai beau tenter d'adoucir le message et, à juste titre, l'enrober d'espoir, la peur se pointe.

Variable toutefois, selon le message et surtout selon le patient et sa capacité de gérer cette peur. Peur franchement avouée chez certains, peur masquée en une façade chez d'autres, mais j'en suis certain, le grand frisson passe chez tous. Chez moi aussi…

L'incertitude nourrit la peur et c'est pour ça que je ne laisse pas traîner les choses. Quand je sais, j'annonce. Mais il faut que je sache: pas d'incertitude. L'attente du diagnostic est souvent pire que le diagnostic lui-même. Au moins, on sait à quoi on a affaire et on s'attaque à la suite, le traitement. Mais parfois, même après toutes ces années, le traitement me fait peur…

Natasha est une jolie femme de trente-trois ans, qui s'est rendu compte en peu de temps que ça n'allait pas. Sportive, elle sent que sa respiration devient de plus en plus courte. Médecin, elle se fait une radiographie pulmonaire, très anormale, avec épanchements pleuraux bilatéraux.

Investigation et diagnostic rapide. Mon collègue lui annonce qu'elle a une leucémie aiguë. Peur chez mon collègue. Natasha me l'a dit, elle l'a vue dans ses yeux, cette peur.

Elle est transférée dans notre milieu et je fais sa connaissance. On précise le diagnostic. La leucémie de Natasha fait suite à une leucémie chronique insoupçonnée et est portée par un gène anormal, le réarrangement bcr-abl.

Ce n'est pas comme si je vous disais que les cellules sont roses au lieu d'être bleues: ça a vraiment de l'importance!

Un nouveau médicament qui touche justement ce gène vient d'être découvert. La thérapie ciblée qu'on appelle. Beaucoup moins d'effets secondaires, puisque ça ne touche que les cellules leucémiques, et facile d'administration: c'est une pilule.

Mais on ne sait pas trop comment s'en servir pour les leucémies aiguës. Certains combinent la chimio et ce nouveau médicament; d'autres ne donnent que le nouveau médicament à double dose. Que faire?

Je décide: double dose sans chimio. Pas peur de cette décision. Si ça ne marche pas, je pourrai toujours ajouter de la chimio.

N'ayez pas peur, ça a fonctionné et de façon remarquable. En très peu de temps, Natasha s'est améliorée: disparition des épanchements pleuraux, normalisation de la formule sanguine. En quelques semaines, rémission complète sans trace identifiable de la leucémie.

Une merveilleuse victoire sur la maladie et ce, sans que Natasha passe au travers d'effets secondaires majeurs comme la perte des cheveux, les nausées, les vomissements et ces infections trop sévères qui nous font peur.

Pour Natasha, retour à la vie.

Mon histoire pourrait se terminer ici. Ce serait si beau! Mais trop beau pour être vrai...

J'avais encore peur.

On dit souvent: «C'est trop beau, ça ne peut pas durer».

Même si c'est vraiment stupide que ça ne puisse pas durer, c'est malheureusement trop souvent le cas. Pour Natasha, je savais que ça ne pouvait pas durer.

La littérature médicale est formelle: La durée de la rémission avec ce médicament est généralement de cinq à six mois, puis c'est le retour en force de la leucémie qui devient alors souvent résistante à tout traitement. Il faut faire autre chose pour éviter pareille issue.

Greffe de moelle, pendant que la patiente est en rémission, c'est la seule option. Je cherche un donneur. Pas de donneur dans la famille. On cherche dans le registre international. Elle est unique, Natasha. On n'arrive pas à lui trouver un donneur compatible dans une banque de plus de dix millions de volontaires.

Il nous reste la possibilité de faire une greffe de sang de cordon ombilical, car ça nécessite un typage moins précis. On trouve un cordon. Natasha est petite, ça devrait aller.

Mais j'ai peur... La greffe de sang de cordon est une technique de greffe plus récente, moins connue et forcément plus risquée, engendre plus de complications et comporte plus de dangers de mourir du traitement que je vais lui recommander, lui administrer!

Et Natasha va bien, très bien même. Et ça continue. Plusieurs mois de recherche pour lui trouver un donneur ont été nécessaires et malgré le temps qui passe, elle continue à très bien aller. Une rémission inespérée sans aucune évidence de rechute à l'horizon. Je me mets à croire que ça pourrait durer et ce, même sans greffe... J'en parle à des collègues qui me ramènent sur terre. Greffe au plus vite!

Je vous l'ai déjà dit, certains patients nous marquent plus que d'autres. Notre dernier patient à recevoir une greffe de sang de cordon était aussi un collègue. Il a fait toutes les complications possibles et n'a pas tenu le coup. Je pense à lui quand je regarde Natasha... J'ai peur... Conflit entre la raison et l'émotion. Je ne crois pas qu'elle le voit. Je ne sais même pas si elle a peur.

La raison l'emporte. On procède.

Et encore, une fois, Natasha va bien. La greffe s'est déroulée sans heurts, sans complications majeures. Plusieurs années ont passé depuis et elle continue de bien aller.

Il est bien d'avoir un peu peur, ça évite les accidents dit-on.

Analyse d'expert

Le travail de médecin peut être une façon constructive de combattre certaines peurs: peur de la maladie, de la douleur, de la mort... Celle-ci peut néanmoins refaire surface devant un patient auquel le médecin s'identifie (collègue médecin, personne du même âge...).
La maîtrise de ses émotions est donc une exigence du travail du médecin, car le patient doit se sentir en confiance et le jugement clinique du médecin doit reposer sur un rationnel solide. Cette maîtrise émotionnelle passe par une bonne connaissance de soi et une attention particulière au contre-transfert suscité par les patients.

Ceux que le silence habite

Pierre DURAND

Il y a plus de trente ans, je commençais ma carrière comme médecin de famille et j'avais choisi de m'installer sur la Basse-Côte-Nord du Saint-Laurent, plus précisément à Lourdes de Blanc-Sablon. Le goût de l'aventure et des défis cliniques et communautaires intéressants m'avaient conduit jusqu'au Centre de Santé de la Basse-Côte-Nord. Je me sentais particulièrement interpellé par la pratique en région éloignée, auprès des populations de ces villages isolés et des réserves autochtones de la Romaine et de St-Augustin.

Arrivé un samedi soir avec ma petite famille par le bateau qui assure l'approvisionnement des villages, je me vois assigné dès le lundi matin, une première clinique «sur la côte»: Harrington Harbour, Aylmer Sound et le village autochtone de la Romaine. Le seul médecin permanent de l'époque me demande de porter une attention toute particulière à la clientèle du centre d'hébergement Dr Hodd... «car les patients n'ont pas reçu de visite médicale depuis plusieurs mois». Je termine tout juste ma résidence en médecine familiale et viens de réussir mes examens du Collège des médecins de famille du Canada.

Je suis plutôt fier et content de m'envoler à l'aventure en cette belle matinée de la fin juillet 1979, tout motivé par ces beaux défis. J'ai l'impression de pouvoir changer quelque chose et d'enfin soigner, panser et apporter un peu de réconfort et de sécurité aux personnes qui me seraient confiées et dont j'aurais la responsabilité et assurerais le suivi.

Mes premiers patients restent gravés dans ma mémoire. Dans des lits pédiatriques, reposent couchés, contracturés, cinq jeunes atteints de déficience intellectuelle profonde. Je ne comprends pas vraiment ce qu'on attend de moi.

L'infirmier me rappelle que dans un centre d'hébergement, il faut un examen annuel… et qu'ils n'en ont pas passé depuis plusieurs années. Je ne comprends pas comment un examen annuel pourrait aider, les aider.

Je repasse rapidement ma formation en médecine pour constater que lors des tournées, les patrons ne veulent pas «perdre leur temps» avec les «chroniques» pour lesquels «il n'y a plus rien à faire de toute façon». Je me sens impuissant devant eux… leur silence, l'absence des familles, le silence du personnel. Le silence du silence.

Personne pour me dire qui ils sont, me parler d'eux, de leur famille... Ils n'ont jamais acquis l'usage de la parole… eux qui, tout en étant éveillés, ne peuvent s'exprimer que par des sons étranges que je ne comprends pas. Ces sons ne trouvent signification qu'auprès du personnel habitué à y déceler leurs aises ou malaises.

Je procède aux examens physiques et collige l'information dans leur dossier. Pendant les trois années qui suivirent, je les ai revus, certains sont morts. Toujours en silence. Les sentiments d'impuissance et d'abandon sont toujours présents.

La suite de ma carrière m'a amené à me questionner sur le sens des soins à donner à ceux qui sont fragiles et qui ne peuvent ni parler, ni se défendre. De retour aux études quelques années plus tard… je m'embarquais pour une double formation en gériatrie et en santé communautaire avec comme ambition d'assurer une meilleure réponse aux besoins de ceux qui, même s'ils ne guériront pas, ont besoin d'être accompagnés. J'ai appris à mieux comprendre leur langage silencieux. Ils ont beaucoup à nous apprendre sur notre propre vulnérabilité qui est au cœur même de notre humanité.

Trois décennies plus tard, ma pratique clinique s'est concentrée sur les soins de fin de vie. J'accompagne des malades et leurs familles et j'apporte mon soutien aux équipes cliniques qui interviennent pour préserver la dignité de ceux qui à travers leur silence, nous interpellent et nous renvoient à notre propre humanité.

La pratique en centre d'hébergement et soins de longue durée ne brille pas nécessairement par ses défis techniques et technologiques. Elle contribue pourtant à sauvegarder un espace d'humanité où il y a beaucoup à apprendre, à découvrir et d'immenses services à offrir.

Analyse d'expert

Le médecin s'engage en médecine pour soigner, guérir...
Il découvre bien vite qu'il accompagne, soutient, soulage et rencontre des personnes qui ont chacune, à leur façon, leur message à livrer sur le sens de la vie, sur l'humanité...
Le délaissement des clientèles «chroniques» constitue une défense contre notre propre vulnérabilité et notre finalité.

Larry…

Robert DELAGE

Au cours de ma formation médicale, j'ai eu la chance de rencontrer des enseignants ayant des qualités remarquables et… d'autres qui n'en avaient guère! Fort heureusement, j'ai retenu principalement l'enseignement des premiers.

J'ai acquis de nombreuses connaissances auprès d'eux, mais j'ai pu aussi être témoin d'attitudes marquées au coin d'un grand humanisme. Mais la perception peut être très variable …

Larry était un ingénieur d'environ vingt-six ans, jovial et plein de vie. Mille projets en tête, début de carrière professionnelle, en amour, le tout débordant de promesses. Jusqu'au jour où il s'est senti fatigué, sa fatigue se prolongeant pendant quelques semaines. Sans doute un «gros» virus qui ne veut pas lâcher… Inquiète, sa conjointe le pousse à consulter. C'est souvent comme ça: nous, les gars, retardons, minimisons: toujours autre chose, bref, jamais le temps.

Elle avait raison. Formule sanguine toute perturbée, bilan biologique tout anormal, foie, rein, électrolytes, en somme, rien de bon! Plein de cellules très bleues à l'examen sanguin. Nous, en hématologie, nous les trouvons très jolies ces cellules, mais c'est toujours une catastrophe pour celui chez qui on les a prélevées. Encore une fois, question de perspective…

Cher Larry, non ce n'est pas une grosse grippe, tu dois bien t'en douter avec l'allure que t'as. Effectivement, rien de bien beau… Burkitt, lymphome de Burkitt. Maladie qui trouve son origine dans une cellule du sang, fort apparentée à une leucémie très agressive. Grave? Malheureusement, oui. Danger pour ta vie? Il faut t'admettre tout de suite pour débuter le traitement le plus rapidement possible. Pas le temps d'aller à la maison pour te préparer, ta conjointe le fera et avisera pour le reste.

Bonne nouvelle: ça se guérit! Le sourire revient un peu... mais ça requiert des traitements aussi agressifs que la maladie. Ça va être difficile, mais tu as la chance d'être en forme, enfin si l'on peut dire.

Personne ne veut discuter des chances de succès.

On commence. Les prévisions étaient bonnes. Ce fut difficile! La première chimiothérapie a failli le tuer, mais sa jeunesse l'a emporté. J'ai eu raison.

Après des débuts houleux, la suite fut beaucoup plus douce. Bien entendu, il n'avait plus de cheveux, mais personne ne s'en formalisait, Il y avait bien quelques nausées transitoires, tolérables, et cette fatigue à laquelle on finit par s'habituer. Bref, tout allait comme prévu.

Malgré tout, j'appréhendais chacune de nos rencontres. Pas qu'il fût désagréable, bien au contraire: patient parfait, gentil, charmant, avec qui chaque visite se prolongeait dans des conversations amicales. J'appréhendais le résultat de la formule sanguine. Que faire si ça ne marche pas? Comment pourrais-je lui annoncer? Mais bon, la formule sanguine est encore normale.

Mais ces petites cellules peuvent se cacher à certains endroits non accessibles par la chimiothérapie. Je le savais bien: j'avais d'excellents professeurs et j'étais bien supervisé. Le système nerveux central. Il faut administrer de la chimiothérapie directement dans le système nerveux central par ponction lombaire. Technique que j'aime bien faire. Première ponction lombaire: ouf! Pas de cellule maligne. Faut traiter quand même: on appelle ça de la prophylaxie. Même si on ne les voit pas, ces sournoises cellules peuvent s'y cacher quand même. Et il faut poursuivre le traitement durant plusieurs mois.

Plusieurs fois, ponction lombaire, aspiration du liquide, traitement, analyse: pas de cellule. Routine, quoi. Lui comme moi, nous nous habituons.

Une fois, ponction lombaire, aspiration du liquide, traitement, analyse: plein de cellules malignes! Quoi? Mais ce n'est pas possible, on a tout fait correctement. Je regarde à nouveau, pas de doute, aucun doute, vraiment aucun doute!

J'en parle au patron. Pas surpris, il en a vu d'autres… «Et les autres, ils vont comment?», osais-je demander? Pas fort. Pas trop de détails. Je ne veux pas savoir.

On fait quoi? Eh bien, on tente de traiter plus fort, on reprend depuis le début. Oui mais on a utilisé à peu près tout ce qu'on a comme chimio… On essaie quand même… On espère… Et moi, je pense aux autres malades de mon patron…

Et faudra le dire à Larry… Je ne sais pas comment. Comment lui dire que tout ce qu'il a fait a été inutile, qu'il faut recommencer et que les chances sont… ? Merde! Il vient demain. Je dors mal.

Mercredi, Larry est dans la salle d'attente. Routine encore, il fait ça depuis près d'un an.

Toujours souriant, plein d'espoir.

Prochain patient, Larry. Je ne veux pas aller le chercher. Je ne veux pas le lui dire. Il est plus jeune que moi.

Je sors pour aller à sa rencontre et je croise mon patron. On en rediscute, j'essaie de décoder peut-être une nouvelle façon de faire, un nouvel espoir à transmettre. Je crois qu'il voit mon désarroi.

Larry entre, mon patron est aussi dans la salle de clinique. Je me sens un peu plus fort: il pourra toujours me corriger si je dis des bêtises. Mais, de toute manière, c'est une foutue bêtise que je m'apprête à dire!

Mon patron ouvre le bal, prend la parole avec une voix douce pleine d'empathie. Il me sauve. Il a bien perçu mon malaise. Et il parle, explique, revient sur certains détails. J'admire, je suis impressionné par la qualité du message, la douceur, l'empathie. Cet homme, en plus d'être un enseignant hors pair et un clinicien dont la compétence est reconnue de tous, transpire l'humanisme.

Pendant un moment, j'oublie ce qu'il dit et me surprend à espérer être un jour un peu comme lui, avoir aussi un peu en moi de ces qualités humaines. Et, je vous le jure, ce n'est pas parce qu'il a pris à ma place cette affreuse tâche d'annoncer l'horreur.

Et puis, il sort. Je reste avec Larry. Malaise, mais au moins c'est dit. Larry me regarde. Visage impassible, peut-être un peu de tristesse. Et soudain, il me dit avec une colère peu contenue:

«Lui, je ne veux plus jamais le voir!»

Me voilà désarçonné! Comment Larry peut-il ressentir autant de colère envers ce patron si empathique, si doux, si délicat? Je ne saisis vraiment pas sur-le-champ.

J'avais oublié le message, sa signification, ses conséquences.

J'ai continué à traiter Larry pendant quelques mois, sans grand succès. Sa santé se détériorait.

Je ne crois pas que sa colère se soit atténuée avec le temps. Je le comprenais, je l'acceptais et c'est ce qu'il aimait bien.

Un jour, conscient que nous ne pouvions plus vraiment l'aider, il m'a demandé mon avis sur des traitements alternatifs, telle la purification à base de lait de chèvre non pasteurisé. Je lui ai dit ce que j'en pensais. Il m'a remercié de ma franchise et a cessé de venir.

Je l'ai revu quelques mois plus tard. Il avait perdu une vingtaine de kilos, présentait alors une paralysie faciale et de l'hémicorps gauche, bouffait de la morphine à anesthésier une armée. Les bienfaits du lait de chèvre…

Il m'a demandé comment je le trouvais. Je lui ai retourné la question:

«Comment tu te trouves par rapport à la dernière fois où on s'est vu?»

Après quelques minutes de réflexion, entrecoupées par de courtes périodes de somnolence, il me répond:

«Stable».

Sa copine est avec lui, elle est là depuis le début, brave fille. Elle s'effondre:

«Regarde-toi, Larry», pense-t-elle.

Nos regards se croisent. Elle, encore une fois, comprend. Être là, c'est tout ce qu'on peut faire.

Je lui dis encore que je peux l'accompagner jusqu'au bout, l'hospitaliser, l'aider. Encore une fois, il me regarde, me remercie de ma franchise et me dit en quittant: «Je vais m'en sortir».

Larry est mort deux jours plus tard.

Je comprends ta colère, Larry.

Analyse d'expert

L'identification avec le patient rend souvent les choses plus difficiles, notion avec laquelle les résidents jonglent quotidiennement. Cette proximité due à l'âge peut aussi avoir des aspects positifs, si on remarque la bonne relation s'étant établie entre le patient et le résident dans cette histoire-ci. On note aussi la colère du patient envers le patron porteur de la mauvaise nouvelle: belle illustration de déplacement, où la colère est dirigée envers le messager.

L'appel du légiste

Djillali ANNANE

C'était en hiver 1991. J'étais jeune chef de clinique et de garde en réanimation. À cette époque, nous enchaînions volontiers les gardes du samedi et du dimanche. Cela nous permettait d'avoir au moins deux week-ends libres par mois. Ce week-end de garde fut particulièrement difficile. En effet, bien qu'ayant pris la garde avec les trente-six chambres de réanimation toutes occupées, je dus gérer l'admission de dix-huit patients graves. C'était un peu une routine. Nous avions appris à jongler avec les transferts de patients tout juste stables vers le service de médecine interne de notre hôpital, pour pouvoir admettre une urgence, généralement adressée par le SAMU (Service d'Aide Médicale d'Urgence). Mais, si je me souviens encore de cette garde, ce n'est pas pour cette valse de patients graves.

Il était 2 heures du matin, dans la nuit de samedi à dimanche, lorsque la surveillante de nuit me transféra une communication téléphonique pour proposition de patient. Je crus tout d'abord à un canular. En effet, au bout de la ligne, c'était le médecin légiste de garde. Le département de médecine légale de notre hôpital collabore avec le tribunal de Versailles et assure les urgences médico-judiciaires. Je pensais qu'il s'agissait d'une victime d'agression relevant du service de réanimation. Pas du tout! François, mon collègue médecin légiste, m'appelait pour prendre en charge… un cadavre!

Environ une ou deux heures plus tôt, la police avait transporté au service médico-judiciaire de l'hôpital le corps d'une jeune femme, retrouvée dans le parc de Saint-Cloud à quelques encablures de l'hôpital. Pour les policiers expérimentés, il ne faisait aucun doute que cette jeune femme était décédée. Son corps inanimé était glacé, le regard était vide, les yeux creusés, le teint grisâtre. Une bouteille d'alcool (je pense bien qu'elle était vide….) avait été retrouvée à ses côtés. Le diagnostic était certain, coma éthylique ayant conduit à un arrêt respiratoire puis cardiaque. En l'absence de témoin, en pleine nuit d'hiver au beau milieu d'un parc, le décès était inéluctable. François (30 ans d'expérience médico-judiciaire) confirma le diagnostic et le décès dès l'arrivée du corps. La jeune femme présentait tous les critères de décès: un corps inanimé, livide, glacé, sans pouls. Et pourtant…

Le corps de la jeune femme avait été soigneusement placé sur une table d'autopsie. Aucune urgence, celle-ci ne se ferait qu'un peu plus tard dans la matinée. Mais voilà! Il faisait sans nul doute plus chaud dans le service médico-judiciaire qu'à l'extérieur où la température n'excédait guère les -1°C. Quelle ne fut pas la surprise de François lorsqu'il aperçut ou crut apercevoir un «gasp respiratoire» (c'est une ébauche de mouvement respiratoire)! Il resta planté là devant le corps de la jeune femme, persuadé d'avoir rêvé (lui aussi enchaînait les gardes difficiles). Mais précisément 90 secondes plus tard, un second mouvement respiratoire. Cette fois-ci plus aucun doute, la jeune femme n'était PAS MORTE! Il fallait rapidement la transférer en réanimation.

Croyez-moi! Il est très inhabituel pour un réanimateur de se rendre à la morgue pour réanimer un patient… Je dois avouer avoir cru à un canular jusqu'au bout, jusqu'au moment où je vis de mes propres yeux cette jeune femme presque morte allongée sur une table d'autopsie. En effet, indiscutablement, si l'on prenait le temps d'observer son corps suffisamment longtemps, on pouvait apercevoir ces «gasps respiratoires» périodiques. Il n'y avait qu'une explication plausible: hypothermie profonde. Le diagnostic fut rapidement confirmé: la température centrale était à 19°C. Installée dans une chambre de réanimation, la jeune patiente fut rapidement mise en condition de monitorage hémodynamique et respiratoire: fréquence cardiaque, un battement toutes les minutes et demie, fréquence respiratoire, un cycle toutes les deux minutes environ. Le bilan sanguin simplement incompatible avec la vie Il s'y associait un problème majeur de la coagulation sanguine, les reins qui prenaient un tour de vacances...

L'électroencéphalogramme était plat... Simplement une ligne bien horizontale comme une autoroute qui traverse le Texas!

Je décidai alors d'appeler en renfort un collègue et nous nous lançâmes dans un massage cardiaque externe que nous étions résolus à n'interrompre qu'une fois la température corporelle ramenée à 36°C.

Huit heures et 35 minutes plus tard, je décidais d'arrêter enfin la réanimation cardio-respiratoire: la patiente était bien vivante et sa température corporelle était maintenant de 36°C.

Les jours suivants furent émaillés de diverses complications infectieuses et respiratoires, tout pour plaire, mais ce sont des choses courantes dans ces situations-là. Après plusieurs mois de rééducation, la patiente a enfin pu quitter l'hôpital

Elle nous raconta qu'elle avait atterri dans ce parc, en pleine nuit, après s'être disputée avec son petit ami alors qu'ils participaient à un anniversaire. J'appris bien plus tard, de façon fortuite, qu'elle s'était mariée et avait eu deux enfants.

Avez-vous déjà entendu parler de la «Near Death Experience»? Croyez-moi, malgré l'apparrente similitude, c'est de la petite bière à côté de ce que mon ami légiste, mon collègue et moi avons observé en ces deux jours d'hiver 1991.

Analyse d'expert

L'origine des mot/expression «croque-mort» et «sauvé par la cloche», prêtant à sourire dans notre réalité moderne, nous rappellent que des personnes peuvent sembler mortes et ne pas l'être en réalité... Cela est particulièrement vrai du cas de personnes en hypothermie (froid extérieur, eau glacée...), qui peuvent survivre de longues heures en raison du ralentissement métabolique causé par le froid. Cela est toujours impressionnant de les voir se réveiller sans séquelles ou presque.
On a le sentiment de les avoir ramenées à la vie...

Fatimata

René-Marc JOLIDON

Certaines histoires laissent un arrière-goût d'échec au fond de la gorge, persistant et saumâtre, qui parvient à ébranler toutes les certitudes patiemment amassées durant notre éducation. Science et philosophie ne deviennent alors plus qu'appoints apaisants pour supporter les mystères qui nous régissent et le doute qui en découle. La perplexité reste là, en embuscade, et revient à la surface, à chaque fois qu'un élément, parfois très étranger, sait rallumer le groupe de neurones qui ont gardé le récit en mémoire et qui blâment, en vrac, carences et suffisance qui les ont marqués à ce moment précis qui nous encrasse. Ensuite, libre à chacun d'y trouver remède passager. En travestissant, regrettant, s'excusant, se justifiant, se pardonnant ou en déniant, jusqu'à la prochaine résurgence de ce terrible constat d'impuissance qui colle définitivement à notre condition d'homme.

Il fait beau ce jour-là, avec de gros nuages gras et gris qui prédisent l'orage. Beau parce que, dans ce coin du Sahel, la rareté des jours de pluie confère à la grisaille un aspect de salle des fêtes. Les villageois, surtout les femmes, s'affairent à leur tâche en attendant la pluie tant espérée. Fatimata a huit ans. Elle a puisé l'eau du puits tôt le matin, rempli les canaris devant la case, balayé le sol de la hutte et la terre lisse et dure de la cour avec des brindilles de paille en guise de balai. Puis elle a préparé la bouillie et la boule de sorgho. Elle n'a ni le temps de jouer, ni d'aller à l'école. Elle en rêve pourtant. Mais il faut encore aller chercher le bois. Cette tâche lui permet de flâner loin de la case et d'échapper aux ordres de sa mère. Une vie normale de petite fille de la brousse.

Fatimata a marché une bonne demi-heure pour trouver, sous les acacias, des branches de bois sec, débitées sans égard par les girafes ou les éléphants de passage. Elle les entasse soigneusement avant de les rassembler avec un petit cordon pour rendre le colis commode sur la tête. Attirée par un petit bruissement qui provient du pied de l'arbre, elle tend l'oreille pour situer précisément l'origine de cette chuintante aubade issue des entrailles de la terre.

Elle localise enfin le trou et s'en approche. Quand elle voit les abeilles sortir de cette galerie provenant des enfers, il est déjà trop tard. Alertés par les mouvements de crainte de la petite, quelques insectes se jettent sur elle, tandis que, par un signal mystérieux, leurs sœurs de combat jaillissent de la ruche caverneuse en une colonne de poussière brunâtre qui empoisse et enveloppe la malheureuse comme la limaille se colle à l'aimant. Fatimata a beau crier, sauter, gesticuler, courir… son affolement alimente la hargne des bestioles, piquant et abandonnant irréparablement leur dard, et parfois leur abdomen, dans la peau tendre de cette proie qui signe, par sa fuite, la réalité de sa nature maraudeuse. L'enfant court et court encore, abandonnant son fagot au pied de l'acacia qui assiste à la scène, sans gigoter des piquants, dans cette atmosphère de chaleur lourde et de brise molle d'avant la tempête.

Fatimata arrive tant bien que mal au village. Elle titube. Elle ne peut plus crier. Sa mère lève les bras au ciel en hurlant. Puis elle s'affaire à débarrasser frénétiquement quelques abeilles remuantes qui, l'aiguillon planté dans la chair de sa chair, se permettent encore de frétiller résolument du cul pour se libérer de leur attaque vaine et suicidaire.

La tête de la petite fille a doublé de volume, semble croire la mère. Une courge dodue ! Les mains et les pieds ressemblent à des ignames. Un véritable épouvantail qui effraie davantage la femme que les passereaux virevoltant autour des greniers aux trois-quarts vides qui attendent la pluie et les semailles. Ce corps bouffi, c'est pourtant bien sa fille ! La femme n'a pas besoin d'appeler à l'aide. Ses cris de stupeur ont déjà ameuté les habitants du hameau. Il faut aller à l'hôpital. A dix kilomètres de là. Un voisin arrive en courant avec une brouette qui servira au transport. Il y dépose l'enfant. Il se met en route, abandonnant sans lamentations ses nobles besognes qui attendront bien demain. Les voisins suivent en procession cette ambulance improvisée pour une fillette que la nature a transformée injustement en un gémissant et inélégant tubercule.

Il a fallu au moins deux heures pour arriver au centre de santé. La brouette longe et remonte la longue file des patients qui s'étalent devant le centre de santé depuis le petit jour. Sans que personne n'y trouve à redire. Une ou deux heures de plus à attendre? La belle affaire! On pousse la malade dans ma salle de consultation, sans égard pour le patient que j'examine et qui remonte son pantalon en vitesse, à peine gêné par l'intrusion. L'homme retourne au-dehors, tout heureux de retrouver une queue placide et peu menaçante et lui faire oublier la sienne, plus chancreuse, que je venais de menacer d'amputer faute d'alternative. Fatimata est encore en vie. En piteux état, mais bel et bien vivante. Les gens me regardent pendant que je l'observe. Ils attendent mon docte constat.

«S'il est possible de survivre quelques heures de cette façon à des centaines de piqûres d'abeilles africaines, c'est que le corps est solide et n'a peut-être pas besoin de médecine», me dis-je intérieurement, question de me rassurer.

Les yeux de la petite ressemblent à ceux d'un boxeur qui ont rencontré des poings plus forts que les siens dans un combat trop inégal. La patiente souffle difficilement mais sa respiration, quoique bruyante, est suffisante pour alimenter convenablement les poumons. De toute façon, il n'y a pas de matériel d'intubation. Pas plus ici que dans toute la province. Je me rattache aux signes vitaux de ce spectre boudiné et difforme qui semble ne conserver en humanité que celle que lui confèrent mon attention et celle de ses proches.

Je pèse et soupèse les éléments. Je n'ai pas grand chose à proposer. De la cortisone injectable dont il reste quelques fioles gardées dans un frigo en panne chronique et dont la température interne avoisine celle de la pièce qui l'abrite. Des antihistaminiques (il y en a quelques comprimés périmés au fond d'une boîte rouillée), des anti-inflammatoires, du paracétamol ou de l'acétaminophène et des compresses d'eau froide.

«Et des antibiotiques», me dit Lambert, notre infirmier.

«Pourquoi des antibiotiques?», lui demandais-je étonné.

«Elle va faire de la fièvre et tu ne sauras pas ce qui la cause. Si tu n'en donnes pas dès aujourd'hui, tu vas te poser la question dans trois jours en regrettant de ne pas l'avoir fait plus tôt».

J'essaie d'argumenter. Je peste contre cette ridicule foi en des produits prescrits sans logique dans le seul but de se donner bonne conscience.

«C'est toi le docteur», me dit-il avec un petit sourire en coin.

Et quoi d'autre? Rien. Si, une chose primordiale: le temps et la foi en la solidité de ce corps meurtri! On met la patiente dans un lit. On assombrit la chambre pour la tenir au frais. La mère reste seule auprès de l'enfant avec des pagnes et une écuelle d'eau tiède. Les hommes se retirent pour la prière.

Je passe plusieurs fois dans la journée pour rassurer l'enfant, sa mère et moi-même. La mère sait que ma présence signifie que l'on ne peut rien faire de plus. L'empathie comme thérapie de base, disponible, en tout temps, même en période de rationnement. Les gémissements plaintifs de l'enfant me rassurent. Au moins, elle respire. Puis un deuxième jour s'écoule. Elle gémit moins. Elle respire toujours bien et elle a beaucoup de fièvre.

Antibiotiques ou non? Lambert pense que oui. J'affirme que la température est l'effet du venin et du syndrome inflammatoire qu'il provoque. La tête de Fatimata est toujours gonflée comme un potiron qui pèle çà et là. Elle a les paupières closes, collées l'une contre l'autre, énormes. Le troisième jour, je pense que la partie est gagnée. Je suis content de la tournure des événements. L'aspect de l'enfant devient presque un sujet de rigolade. Elle commence à ânonner et se plaint qu'elle a sommeil. Elle ne veut pas bouger de son lit. Je stimule la mère à la lever. Je reviens le lendemain matin. La petite boit un peu, mais elle refuse de manger. Ça lui fait mal à la gorge. Je persévère dans mon idée qu'elle doit se lever.

«Pourquoi tu insistes pareillement?», me demande Lambert.

Je lui baragouine de savants préceptes sur la prévention des thromboses et des embolies pulmonaires. Je suis fier de lui apprendre des choses qu'il ne connaît pas.

«De l'héparine? On n'en a jamais eu ici. C'est cher et de toute façon on n'a déjà pas de sous pour la thérapie ... alors pour la prévention!»

«Peut-être bien, mais en tout cas, il faut que la petite bouge!»

«Si tu penses... Et la fièvre?»

Je ne réponds pas.

Le lendemain à la visite, je m'enquiers de savoir si Fatimata a bougé. Sa mère dit à Lambert qu'elle ne veut pas sortir de son lit. Elle a pourtant insisté, mais la petite pleure et refuse de bouger.

«Il faut l'y contraindre», dis-je.

Personne ne semble me suivre dans ma démarche thérapeutique qui paraît pourtant évidente. Même Lambert.

«Si elle ne veut pas se lever, c'est qu'elle a une raison. Il ne faut pas la forcer».

«Tu m'énerves, Lambert. La mobilisation est primordiale».

Je soulève la fille un peu brusquement. Je hausse le ton vis-à-vis de la mère qui me regarde avec de gros yeux, croyant que je veux la chasser. La petite pleure doucement. Lambert les rassure. La femme prend la fille dans ses bras. Elle sort de la chambre et se dirige vers la sortie de l'hôpital. Elle pose Fatimata sur le banc qui jouxte l'entrée. Je les accompagne et j'encourage la petite à rester là, assise.

> «Fatimata, tu entends les enfants qui jouent devant l'école? Tu vas à l'école, toi?»
>
> «Non! J'y suis allée deux ans, mais mes parents n'ont pas l'argent».
>
> «Tu iras un jour. J'en suis sûr».

Je retourne à la visite. Dix minutes plus tard, Lambert vient me chercher en courant. Fatimata s'est effondrée de son banc. Son cœur s'est arrêté. On la masse longtemps. Très longtemps. Rien n'y fait. Je ne suis plus sûr de rien.

Était-ce la faute aux caillots, à l'héparine, à l'immobilité, au venin? Et si j'avais mis des antibiotiques? Je suis allé pleurer derrière le bâtiment sous un flamboyant sans fleur. Quand je suis revenu, la famille était déjà repartie pour le village. Je n'ai pas eu le temps de dire que je regrettais, que je m'excusais. Pas eu le temps de me justifier, de demander pardon. Je ne peux même pas nier que je n'ai rien compris à cette histoire. Une chose est sûre: personne ne m'en a jamais voulu. Sauf moi-même. Dans la cour de l'école, les enfants continuaient de courir et de crier. Je sais depuis ce jour-là que les abeilles sont source de miel. Et de fiel, aussi.

Analyse d'expert

Impossible d'oublier et d'accepter que cette petite n'ait pu être sauvée parce que née dans une région du monde où le minimum pour la survie n'existe pas. L'impuissance du médecin côtoie la peine, la révolte, le désir de sauver le prochain patient… mais jamais l'acceptation!

Rencontre du troisième type

Patrice MARENCO

Au cours de ma carrière hospitalière de médecin au SAMU (Service d'Aide Médicale Urgente), j'ai été confronté à de nombreuses situations plus ou moins étranges et insolites. S'il en est une qui est restée dans ma mémoire pour son caractère inattendu et amusant, c'est bien celle que je vais vous raconter.

J'étais alors jeune médecin assistant dans le service, et je commençais une journée de stage «en doublure» avec un sénior, le Dr H.L. que je connaissais depuis longtemps.

Un appel téléphonique venait de tomber en salle de régulation du SAMU: il s'agissait d'un homme qui venait de s'enfermer chez lui avec des armes à feu et qui avait déjà tiré des coups de feu à plusieurs reprises, heureusement sans toucher personne pour le moment.

La gendarmerie était partie sur les lieux, les pompiers également, et le médecin régulateur du jour avait décidé d'envoyer une équipe du SAMU au cas où il y aurait des blessés car la gendarmerie avait l'intention de faire intervenir le GIGN (Groupe d'Intervention de la Gendarmerie Nationale) pour neutraliser le forcené.

Nous étions alors partis, toute sirène hurlante et feux bleus allumés, pour arriver sur place moins de dix minutes plus tard. Un impressionnant dispositif avait été mis en place; la gendarmerie avait bouclé et vidé le quartier; une ambulance des pompiers était prête à évacuer les blessés possibles.

Tout ce beau monde se retrouva devant une vieille maison, assez isolée au milieu d'un champ dont les hautes herbes du jardin à l'abandon nous empêchaient de voir la porte d'entrée. Son occupant était un marginal, qui ne sortait pas souvent et ne parlait jamais à personne. A notre arrivée, le «négociateur» de la gendarmerie était en train de parler avec l'individu à travers la vieille porte d'entrée et la discussion semblait plutôt animée. Le forcené semblait tenir des propos délirants. Il prétendait avoir été attaqué et se disait prêt à défendre sa vie. Il refusait de se rendre.

Selon ses dires, il avait été attaqué par des monstres, qui poussaient des cris effroyables et qui étaient prêts à se jeter sur lui pour le dévorer. Encore un malade psychiatrique en plein délire apparemment!

Il avait été convenu avec le chef des gendarmes, que lorsque le forcené serait maitrisé, nous lui injecterions un sédatif et le ferions hospitaliser contre sa volonté en secteur psychiatrique fermé.

Nous étions donc prêts à administrer le sédatif, ce qui ne devait pas tarder car le GIGN venait de donner l'assaut...

Après quelques cris et quelques portes brisées, l'individu avait été maîtrisé, immobilisé et désarmé. Cela ne l'empêchait pas de hurler à qui voulait l'entendre que nous allions tous mourir, que nous devions nous sauver... Bref, en quelques instants, nous lui avions injecté un puissant sédatif et les pompiers l'emportaient dans leur ambulance.

Et voilà! L'intervention était terminée et s'était plutôt bien conclue dans les circonstances. Nous avions rangé notre matériel et nous nous apprêtions à quitter la vieille maison pour regagner notre véhicule.

Arrivés à mi-chemin, nous entendîmes un abominable hurlement, ou plutôt un rugissement qui semblait provenir des hautes herbes, à quelques mètres de nous.

Un vent de panique souffla sur l'équipe médicale. Nous nous regardions, éberlués, ne comprenant pas ce qui nous arrivait... lorsqu'un deuxième rugissement se fit entendre et que nous vîmes apparaître, au milieu des herbes folles, la tête menaçante d'un énorme tigre qui nous regardait fixement, et semblait fort contrarié de nous trouver sur son territoire…

Mus par l'instinct de survie et par une fulgurante décharge d'adrénaline, nous jetâmes nos sacs et notre matériel pour nous sauver, je pourrais même dire pour voler jusqu'à l'ambulance des pompiers en hurlant et nous y enfermer avec le forcené qui nous regardait d'un air plutôt satisfait…

> «Je vous l'avais bien dit qu'il y avait un monstre dans le jardin, hein?»

Tout le monde s'était enfermé dans son propre véhicule, et je vous laisse nous imaginer en train d'expliquer par radio à notre central d'appel du SAMU qu'il y avait vraiment un tigre dans le jardin, que le forcené n'était pas fou, et qu'il fallait envoyer une équipe de vétérinaires pour neutraliser l'animal… Nous avons dû faire preuve d'une grande force de persuasion ce jour-là, car j'ai eu la nette impression qu'à l'autre bout de la communication, on nous prenait carrément pour des fous, à notre tour…

Nous avons appris par la suite qu'un cirque s 'était installé non loin de là, et que le tigre s'en était échappé tout simplement...

Analyse d'expert

Comme quoi, il ne faut pas sauter trop vite aux conclusions. Il n'y a rien comme la parole et la communication pour élucider les problèmes…même avec ceux qui semblent déraisonnables!

«M'aider, Docteur? Bonne chance!»

Édith LABONTÉ

Au tout début de ma pratique, ayant complété une formation surspécialisée en urgence psychiatrique et en intervention de crise, et ayant de ce fait suscité beaucoup d'attentes chez certains collègues désireux de me voir résoudre bien des crises, je me vois référer Madame S. en psychothérapie «d'intervention de crise» pour un deuil compliqué suivant le décès de son fils unique.

Par une belle journée d'automne, après avoir lu l'évaluation initiale de ma collègue décrivant la détresse de la patiente, qui ne peut pas vivre en l'absence de ce fils tant aimé et ne pense qu'au suicide, je rencontre Madame S. pour la première fois. À la salle d'attente, je découvre une femme grande, solide, d'allure déterminée, au regard froid, visiblement absorbée dans son monde de souffrance. Je la conduis à mon bureau, où elle s'assoit de façon tendue, rigide. C'est déjà difficile. Pour elle, certainement. Pour moi aussi. Les présentations d'usage sont accueillies avec distance. Quand je lui propose de me raconter ce qui lui arrive pour que nous explorions comment je pourrai l'aider, les premiers mots fusent: «M'aider? Bonne chance!»

Contre toute attente, après de longues minutes de silence, Madame raconte son enfance malheureuse, sans attachement significatif, comme une longue marche solitaire, jusqu'à la naissance de ce fils, issu d'une relation aussi brève que peu investie. Cet enfant est alors devenu sa source de vie, son soleil, son unique centre d'intérêt et de satisfaction. Elle est née avec lui, en quelque sorte, et ne peut vivre que par lui et avec lui.

Cet enfant a visiblement répondu aux attentes de cette mère aimante et entière, apparemment au-delà de ce que les autres enfants et adolescents font habituellement. Il ne devait pas décevoir et il semble bien qu'ayant été, par ailleurs, extrêmement talentueux, il ait enfin comblé cette mère et cette femme autrement déçue de la vie.

Un accident de voiture et tout a basculé. Le vide est réapparu: plus aucun sens à la vie, aucune direction, aucune satisfaction... La douleur d'abord, puis la colère envahit tout. Intolérable. Il faut un exutoire. Scruter l'enquête de l'accident. Demander de corriger le rapport d'autopsie qui fait «mal paraître» le fils, car on y décrit le poids et la taille et l'on peut en déduire un problème de surpoids. Se disputer pour une subvention de logement qui ne permet pas d'obtenir un appartement à deux chambres pour une personne seule... Madame S. souffre, le clame et veut que quelqu'un paie pour cette souffrance injuste et cruelle.

La détresse est si grande qu'elle dicte le chemin vers le suicide. Les symptômes présents suggèrent une dépression compliquant le deuil. Le médecin de famille ne sait plus quoi faire. Madame est référée en psychiatrie. Ma collègue croit qu'une intervention intensive, même brève, dite «de crise» pourrait juguler les pulsions suicidaires. Cela était sans compter la colère immense qui habite cette mère exsangue.

Madame S. montre finalement une bonne collaboration pour étayer son histoire et préciser ses pensées, surtout les plus morbides. Elle apporte des dessins illustrant l'illumination de sa vie à la naissance de cet enfant, son obscurcissement à son départ, son corps de mère se vidant de son sang... Elle laisse souvent entendre qu'elle pourrait se suicider pour rejoindre son fils dans la mort, soulignant du même souffle que je ne pourrai jamais l'empêcher de le faire si elle le décide. Je dois le reconnaître. Madame tient à se sentir en contrôle par rapport à sa mort, à sentir qu'elle pourra se donner la mort quand elle le désirera, à défaut d'avoir eu le contrôle sur sa vie. S'ensuivent des menaces de suicide voilées à répétition. Madame S. est une boule de colère, ne veut pas le reconnaître, encore moins se défaire de cette haine de la vie et de toute la société qui est devenue sa fidèle alliée et la guide de toutes ses interactions avec l'extérieur.

La médication n'apporte aucun soulagement. La psychothérapie stagne. Je n'arrive pas à rejoindre la patiente, qui me fait payer à moi aussi la perte injustement subie. Les attaques se multiplient en entrevue: aucune écoute n'est assez active, aucune interprétation n'est juste ni même ne mérite réflexion, aucune suggestion cognitive-comportementale n'est pertinente... Il m'est impossible de comprendre puisque je n'ai jamais vécu une telle situation...

Après plus d'un an de suivi, ce qui excède bien entendu la durée habituelle d'une intervention de crise, j'ai choisi de cesser le traitement. Impossible d'établir une relation féconde avec cette patiente, aucun signe d'investissement véritable de sa part dans un processus de guérison. Seulement de la colère, de la colère et encore de la colère. Trop pour poursuivre de la même façon. Trop pour moi. Trop pour elle aussi de toute façon. Je le lui explique. Je lui suggère de réfléchir et de revenir chercher de l'aide le jour où elle acceptera de mettre cette colère en veilleuse pour donner une chance à quelqu'un d'autre d'entrer en contact avec elle. Je me remémore ses premiers mots prononcés l'année dernière: « M'aider? Bonne chance!».

Elle a pris cela sereinement, en apparence. Je ne l'ai jamais revue.

Depuis, je fais une chose que je n'avais jamais faite auparavant: je lis la chronique nécrologique dans le journal local.

Analyse d'expert

Une impossible relation thérapeutique: dame en colère, plutôt que déprimée, projetant sa colère sur la société qu'elle perçoit comme lui ayant ravi son seul objet d'amour. Le médecin est impuissant à aider cette dame, incapable de désamorcer cette colère devenue le moteur de sa vie et dirigée aussi contre lui. Sentiment d'échec vécu de la part du médecin, comme chaque fois que l'on doit reconnaître ses limites et celles d'un patient.

Aristóbulo Fernández Delon Hepburn

Marcos SCHWAB

Avec mes remerciements à Céline,
grâce à qui vous êtes en train de lire
cette histoire .

Buenos Aires, 1998.

La partie la plus pénible du travail était en hiver, lorsque les clochards du quartier s'installaient dans la salle d'attente des urgences dans l'espoir de passer la nuit à l'abri du froid et de la pluie. C'était à moi, le dernier arrivé des médecins, que revenait la tâche de les mettre à la porte et de les renvoyer à la rue afin qu'ils ne dérangent pas les familles des patients. Ainsi, chaque nuit, j'étais contraint de renvoyer toutes ces personnes qui m'insultaient, qui m'accusaient d'être inhumain et d'être l'unique responsable de leur mort assurée par hypothermie. Après quelques jours d'insultes, à la limite de croire qu'ils n'avaient pas tort, j'avais trouvé un moyen de me protéger de ces agressions et de ma mauvaise conscience. J'avais commencé à cacher des clochards dans la salle d'attente de radiologie qui était habituellement fermée pour la nuit, ou à les faire enregistrer comme patients après le départ de mon chef afin qu'ils puissent passer quelques heures dans un box des urgences. Après quelques semaines je connaissais donc tous les vagabonds du quartier, hormis Aristóbulo Fernández Delon Hepburn, qui, lors de sa première visite, m'a affirmé avec une assurance impressionnante:

> «Je me suis marié trois fois, Docteur. Lors de mon premier divorce, j'ai perdu la moitié de ma fortune; lors du deuxième, j'ai perdu ce qui me restait, et lors du troisième, j'ai perdu ma dignité. C'est pour cela que je suis à la rue, Docteur, pour récupérer ma dignité! J'aime cette vie de rue, mais ce soir, il fait si froid que je vous prie de me laisser passer la nuit ici. Je ne vais pas inventer d'histoires, Docteur. Je ne suis pas malade et je ne veux pas l'être. Je

vous demande simplement de pouvoir dormir ici. Je vous promets de ne déranger personne».

Contrairement aux autres, il s'exprimait de manière limpide et avec une sincérité presque brutale. Je l'ai regardé dans les yeux, sans savoir s'il était sérieux ou fou à lier. Il avait une sombre chevelure sale et hirsute. Son regard bleu était si intense qu'il m'était impossible de le soutenir au-delà de quelques secondes. Ses pantalons étaient usés au point d'être troués, à une époque où les pantalons s'achetaient en parfait état et où le fait d'être soigneusement ébouriffé n'était pas encore à la mode. Tout en l'écoutant, j'envisageais déjà comment j'allais pouvoir justifier à mon chef le fait que ce clochard passe la nuit dans un box. J'avais déjà envoyé trois personnes en salle d'attente de radiologie. La seule option qu'il me restait était de lui inventer une maladie.

«Vous êtes sûr de ne pas avoir mal, Monsieur Fernandez? Le ventre, le dos, la poitrine? Envie de vomir? Fièvre, toux, diarrhée? Peine à souffler? Rien? Vous êtes sûr de ne pas avoir mal quelque part? Sûr?»

«Rien, Docteur. Je suis en bonne santé. Sain de corps et d'esprit. Je ne vais pas nier que dehors il fait froid, qu'il est désagréable de dormir dans le parc sous la pluie, mais je veux y retourner quand la tempête sera finie. Je cherche simplement un endroit chaud où passer la nuit. Demain matin je rentrerai au parc, où je suis heureux».

Inutile d'insister. Il n'avait mal nulle part. Une douleur soudaine ne semblait pas être sur le point d'apparaître. Mais je n'avais tout simplement pas le courage de le mettre à la porte. Je pris une chaise et m'installai face à lui pour l'écouter afin de faire passer un peu de temps.

«Mais comment est-il possible que vous soyez si heureux d'être à la rue? Moi-même, j'ai fait du camping une fois: c'était la pire nuit de ma vie. Depuis, j'ai juré de ne plus jamais dormir ailleurs que dans un lit. Racontez-moi! J'ai de la peine à vous comprendre».

«Facile, Docteur. J'habite dans le plus beau quartier de la ville, je me lève avec le soleil et les oiseaux; je me promène entre les arbres pour me réveiller; j'ai le temps de lire les journaux abandonnés et de faire une sieste quand j'en ai envie. Je ne dois pas travailler; je n'ai ni chef ni responsabilités; je suis seul à décider de mes actes, sans obligations ni compromis. Je fais ce que je veux, tout simplement. Bien sûr, l'hiver est parfois rude, mais les gens sont aimables: ils m'apportent des repas chauds. Au début j'ai eu de la peine à m'adapter, mais j'ai eu la chance de rencontrer un camarade d'infortune avec qui je parlais régulièrement. Nos discussions m'ont permis de survivre, de m'adapter et de récupérer ma dignité. Ne me regardez pas comme ça, Docteur! Ce que je vous dis est véridique. Ce camarade m'encourageait à parler de tout. Absolument tout! Je m'allongeais par terre, sous un arbre, avant ma sieste. Il s'asseyait derrière moi et on discutait de tout ce qui me traversait la tête durant exactement cinquante-cinq minutes, durée qu'il contrôlait de manière très précise. En réalité, discuter n'est pas le mot approprié. Il ne s'agissait pas d'une discussion puisque j'étais le seul à parler. Mon camarade m'obligeait à le payer, même avec un morceau de pain, sans quoi je risquais de ne jamais progresser. Mais ça m'a fait du bien, Docteur. J'ai retrouvé la joie de vivre malgré mes difficultés. J'ai appris à faire la différence entre l'imaginaire, le réel et le symbolique. Je connais beaucoup de choses sur le sujet. Je peux vous raconter, si ça vous intéresse!»

Fou, sale, puant: la caricature d'un clochard. Mais un clochard psychanalysé, évoquant sa réappropriation d'une dignité perdue, et portant un nom de galant de série télévisée latino-américaine.

Je l'ai brusquement interrompu, craignant que sa folie ne fût contagieuse. Le sujet de cette discussion devait changer sur-le-champ, sans quoi je redoutais de devoir affronter la tentation d'aller vivre dans le parc, ou pire, de commencer une psychanalyse. Je décidai alors de l'interroger sur son nom, qui avait attiré mon attention depuis le début.

> «Votre nom est inhabituel! Vous avez trois noms de famille? Un espagnol, un français et un anglais? Ces derniers ne sont-ils pas célèbres, en plus?»
>
> «Absolument, Docteur! Aristóbulo est le prénom choisi par mes parents adoptifs, les Fernández. Delon et Hepburn sont les noms de mes parents biologiques, Alain Delon et Audrey Hepburn. Vous les connaissez? Ce sont mes véritables parents. C'était l'époque où l'on attendait des acteurs qu'ils restent glamour. Il n'était pas bien vu qu'ils aient des enfants et encore moins qu'ils aillent en chercher en Afrique pour se faire de la publicité. Ils m'ont donné en adoption à la famille Fernández, qui a pris soin de moi. Je me souviens parfaitement du jour de mon arrivée, Docteur. C'était dans un grand avion bleu, qui faisait beaucoup de bruit. Beaucoup de bruit. Je me souviens aussi de l'aéroport, qui était vide. Et de l'hôtesse de l'air qui était grande, blonde, et avait des yeux aussi bleus que l'avion. C'est en France que j'ai vu mes vrais parents pour la dernière fois, juste avant de monter à bord de l'avion. A l'arrivée, j'ai été accueilli par les Fernández - qu'ils reposent en paix! Et qu'Audrey, mon autre mère, repose aussi en paix! C'est la vie, Docteur. Pas facile, des fois. Comme je n'ai pas eu d'enfants, il ne me reste plus que mon père. Il habite à Paris. Je ne l'ai plus jamais revu depuis ce jour, à l'aéroport, où j'ai pris le grand avion bleu qui faisait tellement de bruit».

Je l'ai regardé à nouveau. Alors que j'imaginais son visage propre, sa barbe rasée et ses cheveux coiffés, sa ressemblance à Alain Delon m'a tellement frappé que j'ai failli croire à son histoire, alors même qu'une partie de ma tête me disait que j'étais en train de devenir fou. J'ai eu envie de le mettre à la porte immédiatement, de le renvoyer sous la pluie glacée pour me protéger de je ne sais quoi. Je décidai pourtant d'aller de l'avant et de poursuivre mes questions, en partant du principe que toute son histoire n'était que le symptôme d'une maladie psychiatrique.

«Si votre père biologique, Alain Delon, vous a mis dans un avion, il doit bien se souvenir qu'il a un enfant. Pourquoi n'est-il jamais venu vous voir?»

«Parce qu'il est trop occupé, Docteur! Vous pensez bien qu'avec tous ses films et interviews dans la presse people, il n'a pas le temps de venir ici, si loin de Paris. Mais moi, je l'attends tous les dimanches à midi au milieu de la Place Centrale. Ne me regardez pas comme ça, Docteur. Tous les touristes passent par la Place Centrale. S'il y va, il me reconnaîtra. Je ne veux pas le déranger, car il est trop occupé. Etre célèbre est très pénible. Qui voudrait être une célébrité? Qui serait assez fou pour choisir un tel métier? Mais je pense aussi à son bien-être. Peut-être s'inquiète-t-il pour moi? Mon devoir de fils est de le rassurer, de l'informer que je vais bien et que je n'ai pas besoin de lui. Qu'il vienne seulement s'il en a envie! Je lui écris chaque année pour son anniversaire. Une lettre, une carte postale, une photo... Comme je ne connais pas son adresse exacte, j'écris toujours à son studio de production, à Paris, dans le XIVème arrondissement. Il ne m'a jamais répondu, mais bon... il est si occupé. C'est fatigant d'être célèbre. Et je suis certain que s'il avait plus de temps, il viendrait me chercher ou il m'écrirait au moins quelques lignes. Quand j'ai appris que ma mère biologique était morte, j'étais un peu triste parce que j'ai quelques souvenirs d'elle, dans l'aéroport. J'aurais aimé avoir mon père à mes côtés pour m'accompagner, pour me parler de ma mère, pour me raconter comment ils se sont rencontrés. J'aurais aussi aimé savoir pourquoi ils m'ont abandonné ou plutôt, pourquoi ils ont considéré que je serais en de meilleures mains auprès d'une autre famille. Parce que je suis convaincu qu'ils ont fait ça de manière bienveillante, en ne pensant qu'à mon intérêt, sans jamais avoir voulu me faire de mal. J'ai beaucoup souffert quand j'appris le décès de ma mère. J'étais triste, mais je n'ai pas voulu le déranger. J'imagine que lui aussi était triste. Une mort si soudaine! Mais les célébrités ont tellement de travail qu'elles ne doivent même pas avoir le temps d'être tristes. Tout a été très douloureux, mais avec le temps, les souffrances passent et tout finit par guérir, n'est-ce pas Docteur? Je suis en train de me rétablir. Mon âme était malade, mais maintenant elle va mieux. Et je m'en réjouis parce que je veux que, quand mon père viendra en visite, il voie que son fils est devenu un vrai homme. Il va être fier de moi! J'en suis sûr. Vous voyez, j'aimerais me préparer à la visite de mon père. Il peut arriver n'importe quand. Même s'il n'est jamais venu, je sais qu'il viendra bientôt. Peut-être ce weekend? À ce propos, Docteur, j'ose vous demander quelques sous? J'aimerais m'acheter de beaux habits et pouvoir me raser avant son arrivée. Vous imaginez quelle tragédie ce serait s'il devait ne pas me reconnaître à cause de cette barbe? Merci, Docteur. On voit que vous êtes un bon type. À la semaine prochaine!»

Il est parti avec mon argent. Content. Presque heureux. Et n'est jamais revenu. J'ai revu plusieurs fois Aristóbulo, les dimanches, à la Place centrale. Il semblait attendre quelqu'un.

Analyse d'expert

Quand on a tout perdu, il reste encore le rêve... Cet homme offre une belle leçon de vie au médecin: dans son délire, il s'est construit une identité, il a donné un sens à sa vie autrement désolante. Comment ne pas apprécier ce prodige, qui, à défaut d'être traité et de s'ancrer dans notre réalité, a élaboré le plus beau des scénarios pour supporter le quotidien?

Ces personnes malades peuvent déranger par tant de souffrance à peine masquée. Le médecin peut vouloir les écarter de sa route (la psychiatrie, pas pour moi!) ou, au contraire, apprivoiser la vie, ses vicissitudes et ses grandeurs à travers eux.

«Dites 33!»

Thierry FUMEAUX

Mardi matin, 9h30, jour de grande visite pour le médecin hospitalier que je suis: un jeune médecin assistant débutant m'accompagne pour faire le tour des douze malades dont il s'occupe. Ce jour-là, le premier patient est un confrère, ancien pédiatre-chef du service de l'hôpital. Une personnalité connue et admirée dans l'établissement, mais que je ne connais malheureusement pas. Je suis presque aussi intimidé que mon assistant, et j'entre comme en culotte courte dans cette chambre!

Une pneumonie l'a amené à l'hôpital il y a quelques jours, mais il va bien maintenant et s'apprête à rentrer chez lui. Vif, espiègle, un esprit brillant de toute évidence. Après les présentations, je joue mon rôle d'enseignant, et je décortique pour mon jeune collègue la valeur des signes cliniques de la pneumonie et de ses complications. Enseigner a toujours été un plaisir pour moi et constitue une des parties les plus agréables de notre activité. Le patient m'observe, avec un léger sourire.

> «**Dites 33**» ... C'est cette fois un grand éclat de rire qui sanctionne mon injonction!

Le «fremitus vocal» (manoeuvre médicale) permet de détecter ou d'exclure un épanchement pleural. On recherche la diminution de la transmission de bruits basse fréquence à travers le liquide. En français, on dit «trente-trois», en allemand «neun-und-neuzig» et en anglais «ninety-nine». Je n'ai pas eu le temps de m'étendre sur les valeurs prédictives positives et négatives du signe: cet éclat de rire franc m'a désarmé. L'œil brillant de mon patient-collègue me signifie qu'il est tout heureux de m'avoir bousculé: «C'est la première fois de ma vie que l'on me demande cela!»

Et me voilà parti dans une grande explication du comment et du pourquoi du signe, à ce brave homme que cela amuse visiblement.

La discussion dérive peu à peu, de la pneumonie et ses complications au métier de médecin et à ses bons et mauvais aspects. Nous sommes deux jeunes (un plus que l'autre!) à écouter ce vénérable confrère de plus de quatre-vingts ans ans nous raconter ses trente-cinq ans de carrière. Il partage ainsi avec nous sa passion, son émotion, et ce sentiment palpable d'avoir bien réussi sa vie professionnelle. Il brosse en quelques minutes le tableau de ses rencontres avec les malades et les collègues, évoque les événements marquants de sa vie, et nous fait l'exposé d'une belle recette de carrière réussie! Une sorte de modèle, en quelque sorte. Sortis de cette chambre, une admiration teintée de nostalgie nous envahit tous les deux, mon assistant et moi, et la visite se poursuit dans une ambiance un peu particulière.

Nous autres médecins, évoluons tout au long de notre carrière professionnelle en fonction du choix plus ou moins conscients, mais également au gré de ces rencontres professionnelles marquantes, qui génèrent parfois une envie de ressembler à un modèle ... Ce n'est parfois que des années plus tard qu'on réalise l'influence qu'ont eu ces rencontres. Je crois que j'ai eu – et que j'ai encore – de nombreux modèles, et que suis le mélange - heureux j'espère - des ingrédients que j'ai récoltés chez chacun d'eux.

Mon père, un généraliste d'une petite ville du Valais (région montagneuse en Suisse) était un BON médecin. Je le sais maintenant. Quand j'avais cinq ou six ans, il m'emmenait tous les mercredi après-midi avec lui pour ses visites dans la vallée proche. Je passais ainsi du temps avec lui, et même s'il ne parlait pas beaucoup, je sentais qu'il était heureux de ce qu'il faisait. À cet âge, je racontais à mes copains que mon père était ambulancier: beaucoup plus impressionnant que médecin! J'en rajoutais un peu, décrivant à mes copains avec un surplus de détails - peu crédibles a posteriori - son bolide-ambulance et son style de conduite de cascadeur. Je sais maintenant que si j'ai choisi de m'inscrire en médecine, c'est grâce à lui, qui avait une passion communicative de son métier!

Bien des années plus tard, troisième année de médecine, et enfin des cours de sémiologie. «Regardez les gens dans le bus!» Fascinant ... ce professeur de médecine à l'abondante chevelure blanche bientôt à la retraite nous décrivait comment ses observations matinales lui permettaient de poser dix diagnostics à la volée dans les transports publics. L'œil clinique, le fantasme de l'interniste. Mon choix de faire de cette branche mon métier a probablement germé là.

Il s'est affirmé plus tard au contact de mes premiers médecins chefs, alors que j'accomplissais une année de médecine interne, en préparation de ma future formation de gynécologue. Ils étaient quatre, et chacun m'a marqué à sa façon. L'un avait une mémoire formidable, qu'il appliquait à la fois pour pratiquer à la perfection son métier, mais également pour reconstruire les arbres généalogiques de tous les patients qu'il croisait. Rarement pris en défaut, il savait toujours trouver un parent à chacun de ses patients, qui se sentaient ainsi presque pris en charge par un proche. Ses nombreux traits d'humour, ses bons mots et les calembours qu'il distillait inlassablement avec un clin d'œil et un frémissement de sa moustache blanche impeccable ont marqué tous ceux qui ont eu comme moi la chance de le croiser. Il a terminé sa vie – trop brutalement et trop tôt – reconverti en grand-père attentionné. Pas un jour sans que je cite l'une ou l'autre de ses expressions favorites. C'est lui l'inventeur de «l'urticaire du corps calleux» et de «la frisure aiguë du dendrite»! Un autre avait également une mémoire insaturable, scientifique et systématique, et ce lecteur assidu de la littérature médicale la mettait à profit pour pratiquer un art médical élégant et raffiné qui, bien des années plus tard, allait tellement me séduire! Mon «inventeur» de la médecine factuelle, ce fut lui.

Vingt ans après mon diplôme, même si j'ai l'impression que très peu d'années ont passé et que je suis à peine sorti de mes études, je sais que j'ai franchi le mi-parcours dans l'exercice de mon métier. Je n'ai pas vu passer ce temps, probablement parce que j'ai fait tellement d'autres rencontres marquantes … Un tel qui me soumit à une véritable séance de torture intellectuelle - les causes d'hyponatrémie et sa prise en charge, après une nuit d'enfer aux soins intensifs -, séance si marquante que dès le jour même, j'ai passé des heures à fixer un algorithme que je n'oublierai certainement jamais. Tel autre patron qui posait toujours à son chef de clinique la question inattendue, celle bien entendu à laquelle je ne pouvais répondre, mais tellement évidente … une stimulation incessante! Et tous les autres, étudiants, stagiaires, jeunes médecins en formation et collègues, qui tous les jours me font apprécier ce métier formidable!

Ainsi, chaque jour j'apprends, et je crois que comme le bon vin, je me bonifie avec l'âge. Un de mes collègues, avec lequel j'ai la chance de partager depuis des années une vie professionnelle harmonieuse, le dit souvent: On ne devient médecin accompli qu'à notre dernier jour de travail, citant Osler je crois. Je me réjouis donc des nombreuses années d'apprentissage qu'il me reste. Merci donc à tous ces anciens, actuels, et futurs collègues!

«Dites trente-trois» … Je pense encore à ce rire, et j'attends le prochain! Ah, j'allais oublier: bien que je sois téléphile, je crois que ni le Dr Ross ni le Dr House ne m'ont influencé …

Analyse d'expert

La médecine est un métier profondément relationnel. Les exigences académiques et celles liées aux horaires de travail, à la lourdeur des cas et des décisions à prendre sont grandes. Pour parfaire sa formation, le médecin peut heureusement s'appuyer sur ses pairs et bénéficier de l'expérience de mentors évoluant avec lui dans son milieu clinique. Ainsi, le médecin complète son apprentissage auprès des autres médecins, des autres membres de l'équipe professionnelle et des patients. Chacun lui apporte une connaissance spécifique (académique, clinique, personnelle, relationnelle …) et lui permet de se développer sur les plans professionnel et humain.

Dix ans plus tard

BONUS

Pierre GAGNON

Ils y sont tous. Ceux que j'aime, ceux qui m'aiment, ceux qui à l'époque avaient pris leur distance parce qu'incapables de me voir malade. Mon frère est là, il a fait le trajet depuis son lointain comté. Mes deux sœurs y sont également, elles se sont assurées d'arriver tôt afin de voir à ce que la rencontre soit un succès. Elles habitent à deux pas d'ici, mais elles se seraient farci la route depuis les Indes si elles s'y étaient trouvées, et que je leur en avais fait la demande.

Mon père, décédé depuis peu, n'y sera pas, bien évidemment. De toute manière, même bien en vie et pétant de santé il ne se serait pas présenté; pour des raisons d'ordre familial qu'il m'est inutile de tenter d'expliquer ici. Ma mère n'a pas eu pareille chance, celle de partir alors qu'il en est encore temps. Toujours vivante. Lourdement handicapée. Absente elle est, absente elle sera. Ma mère ne sait plus. Les gens qui ne savent plus sont confiés aux bons soins des autres et se retrouvent dans une maison de repos qu'ils ne quittent plus jamais.

Son chat est parmi nous. Il frôle nos jambes, quémandant une caresse. Une de mes sœurs l'a adopté au moment où ma mère quittait sa demeure. Depuis, on le lui a remplacé par une peluche. Une peluche que l'on doit périodiquement mettre à la lessive, suite aux nombreux bains forcés à même le potage à la tomate de sa maîtresse.

Ils y sont tous. Tout sourire et l'œil pétillant à force de trinquer à ma santé retrouvée. Je devrais me réjouir moi aussi. Je devrais bondir de joie et aller les embrasser à tour de rôle. J'en suis incapable. Retenu par la gêne… La gêne d'avoir à accueillir des torrents de félicitations alors que je n'y suis pour rien.

Je serais beaucoup plus à l'aise avec un hommage à la

science puisque c'est elle qui s'est farci tout le travail. J'ai si peu à voir avec l'aventure de la guérison. J'ai beau le leur répéter, ils ne se démontent pas. Ils en ajoutent.

«Tu es un être courageux, Pierre!» Hélas, le courage, je le porte comme on porte un vêtement trop grand pour sa taille. J'ai l'air d'un pauvre dans un habit prêté.

«Tu as vaincu!»

Disons plutôt que le rival a choisi de quitter le ring avant la fin des hostilités! Voilà ce qu'il faut savoir. Voilà ce qu'il faut nous rappeler. Le survivant gagne toujours par défaut, et pas autrement. Si j'avais un toast à porter, je le porterais à la chance, ou à la maladie, tiens; «Pour m'avoir épargné cette finalité qu'elle réserve à tant d'autres!»

«Nul doute que tu ne vois plus la vie comme autrefois, après pareille épreuve», lancent tour à tour mes amis de toujours. L'illusion serait de croire que tout devient merveilleux, après que la chimio a éliminé non seulement les cellules meurtrières mais également tout ce qui fait de la vie une épreuve. On le mériterait bien, remarquez!

Eh bien, non, justement! Tout y est encore: les craintes, les angoisses, la peur de monter en avion, la gêne, l'incapacité à discuter d'une augmentation salariale avec la personne en autorité, l'obsession de l'embonpoint, l'irritabilité, l'estime de soi et celle des autres...

J'aurai beau m'efforcer de voir la vie différemment, la vie, elle, me voit tel que je suis. Telle que j'étais, avant. Tous les programmes de mon ordinateur personnel ont été scannés par l'antivirus. Tous fonctionnent à nouveau, et à merveille. Peut-être même mieux qu'auparavant. La science fait des miracles...

La maladie ressemble à une pause dans le temps. Une pause durant laquelle le patient quitte le quai et prend le large en laissant derrière ce qu'il a de meilleur et ce qu'il a de pire.

Arrive un jour où la médecine fait entrevoir à son patient une nouvelle terre d'accueil à l'horizon. Celui-ci s'empresse d'y descendre. Que voit-il une fois à quai? Ses bagages. Tous ses bagages, et dans le même ordre qu'il les avait laissés.

«Nul doute que tu ne vois plus la vie comme autrefois, vrai?»

Rien n'est jamais si différent qu'avant la maladie. La voilà, la vérité. Mis à part le souvenir, bien sûr. Le souvenir de la souffrance. Souffrance des autres… Propre souffrance…

Les adieux faits au personnel soignant une fois terminé le dernier traitement!

Pour moi, une des épreuves les plus marquantes. La perte des cheveux n'est rien en comparaison d'un tel déchirement.

J'en porte toujours les marques. Dix ans plus tard.

5-FU: Livre de poche (96 pages)

Présentation du livre 5-FU de Pierre GAGNON

5-FU n'est pas le nom d'un groupe Hip-Hop. C'est l'identification d'une chimiothérapie pour combattre le cancer...

Six mois, c'est le temps qu'a duré mon traitement, et c'est également celui que j'ai mis à écrire ce petit livre qui parle de moi, certe, mais aussi de mes compagnons et compagnes de civière. C'est pourquoi il leur est dédié. À tous les survivants ainsi qu'à ceux qui ont désespérément tenté de le devenir.

Pierre GAGNON

Vente au QUÉBEC

Éditeur:	L'INSTANT MÊME
Auteur:	Pierre GAGNON
ISBN:	2-89502-209-7
WEB:	www.instantmeme.com

Distribution SOMABEC Diffuseur & Distributeur, Québec

Téléphone 1 - 800 - 361 - 8118 (sans frais)
Télécopieur 1 - 450 - 774 - 3017
Courriel ventes@somabec.com
WEB www.somabec.com

Éditeur: Éditions D&F, Québec

- Courriel info@investimed.ch
- WEB www.investimed.ch

ISBN 13-978-3-905699-25-8